うまくいく事業承継

税理士法人タックス・アイズ

公認会計士・税理士
社会保険労務士　**五十嵐 明彦**

公認会計士・税理士　**髙橋 知寿**　[著]

公認会計士　**梅澤 雅貴**

税務経理協会

はじめに

　団塊の世代の方はすでに定年退職を迎えられ，現在は悠々自適の生活をされている方も多くいらっしゃいます。しかし，中小企業では，まだまだ会社の大黒柱としてご活躍されている方もかなり多くいらっしゃるのが現状です。

　戦後，日本がまだ貧しかった頃に生まれ，高度経済成長期やバブル経済期を目の当たりにされ，今の日本経済を一から作り上げてこられたのが団塊の世代の方だと思います。

　そして，団塊の世代の方に代表される気骨の精神あふれる方々によって経営されている素晴らしい中小企業が日本にはたくさんあります。

　日本の企業数は約400万社ともいわれていますが，そのうち上場企業はわずか4,000社程度でそれ以外の日本の企業の99％以上は中小企業なのです。そんな中小企業で働かれている方やそのご家族まで含めると，中小企業に関わっている方はものすごい数に上るのではないでしょうか。まさに，中小企業こそが日本経済の屋台骨だと思います。

　そして，そんな日本の中小企業が現在抱える最大の問題が「事業承継」といわれています。これまでは，儲かっている中小企業は後継者となりたい方も多く事業承継に困ることはないが，赤字の中小企業は後継者のなり手がいなく事業承継が難しい，という時代でした。

　しかし，これからは違います。

　最近では，「後継者がいなく廃業せざるを得ない中小企業のうち約50％は黒字企業である」ともいわれています。儲かっていても廃業せざるを得ない時代がやってきたことになります。

　そうなると，これまで会社を支えてくれた大事な従業員やその家族を結果として守ることができなくなり，彼らは路頭に迷うことになってしまいます。

　これまで安定して成長してきた中小企業でも，事業承継の失敗によってわずか数年で倒産に追い込まれてしまう例などもあります。

日本の企業の99％以上を占める中小企業において，これは死活問題であるとともに，日本経済にとっても非常に大きなリスクといえます。

　「事業承継」は，現在の経営者の方にとって最後にして最大の仕事です。
　そして，事業を引き継ぐ方にとっては，最初の大きな関門です。
　これまで必死で経営されてきた素晴らしい会社をこれからも残したい，会社を引き継がれた方をこれからも応援していきたい，そんな思いが本書を執筆する動機となりました。
　本書は，公認会計士や税理士の立場から，事業承継を行ううえでのリスクや課題について取り上げ，それらを踏まえて事業承継を行ううえでの効果的な対策を紹介しています。また，姉妹書である「うまくいく生前贈与」と合わせてお読みいただくことで中小企業の経営者の方が事業承継や相続対策のイメージを持っていただけるような構成となっています。
　事業承継で一番のリスクは，やはり「お金」の問題です。会社の株式をはじめとするさまざまな資産を引き継ぐにあたっては，税金を含めたお金の問題が容赦なく降りかかってきます。
　その最大のリスクに対して，本書が少しでもお役に立てれば著者一同，嬉しく思います。日本の素晴らしい中小企業が今後も末永く続いていくことを祈念して。

平成30年12月吉日

税理士法人タックス・アイズ
著者一同

目　　次

はじめに

第1章　事業承継5つのポイント

1-1　何を引き継ぐのか … 2
 1　ヒトを引き継ぐ … 3
 2　モノを引き継ぐ … 5
 3　カネを引き継ぐ … 6
 4　情報を引き継ぐ … 7

1-2　誰に引き継ぐのか … 10
 1　親族（子どもなど）への承継 … 11
 2　親族以外の役員や従業員への承継 … 13
 3　M&Aなどによる第三者への承継 … 14

1-3　いくらで引き継ぐのか … 17
 1　親族に引き継ぐ場合の株価評価 … 18
 2　従業員に引き継ぐ場合 … 20
 3　第三者に引き継ぐ場合 … 21
  (1)　時価純資産価額方式 … 22
  (2)　DCF方式 … 22
 4　特殊な場合の株価評価 … 23
  (1)　株式等が多すぎる場合 … 24
  (2)　土地が多すぎる場合 … 24
  (3)　設立3年以内の企業 … 24
  (4)　配当や利益のない企業 … 24

1-4　いつ引き継ぐのか … 26
 1　事業承継のスケジュールについて考えよう … 27
  (1)　現状分析と問題点の洗い出し … 27

(2)　各問題点についての対応策の検討 ……………………… 28
　　　(3)　検討した対応策の実行 …………………………………… 28
　　2　事業承継を実行するには時間がかかる ……………………… 29
　　3　赤字が出たときがチャンス …………………………………… 30

1-5　どのように引き継ぐのか …………………………………… 32
　　1　相続・遺贈で引き継ぐ ………………………………………… 33
　　2　生前贈与で引き継ぐ …………………………………………… 35
　　3　株式譲渡で引き継ぐ …………………………………………… 37
　　4　種類株式を活用する …………………………………………… 39
　　5　信託を活用する ………………………………………………… 41

第2章　自社株式の評価額を下げる

2-1　企業価値を下げる基本的な考え方 …………………………… 44
　　1　純資産価額を低くする ………………………………………… 45
　　　(1)　資産の額の評価 …………………………………………… 46
　　　(2)　負債の額の評価 …………………………………………… 47
　　2　類似業種比準価額を下げる …………………………………… 47
　　　(1)　類似業種の株価 …………………………………………… 47
　　　(2)　配当の額 …………………………………………………… 48
　　　(3)　利益の額 …………………………………………………… 48
　　　(4)　純資産の額 ………………………………………………… 48
　　3　資産評価を下げる ……………………………………………… 49
　　　(1)　遊休状態の土地にアパートを建てる …………………… 49
　　　(2)　解約返礼率の低い保険に加入する ……………………… 49
　　4　会社に損失を計上する ………………………………………… 50

2-2　退職金を利用する ……………………………………………… 51
　　1　退職金を使った株価引き下げの仕組み ……………………… 51
　　2　退職金はいくらまで支払えるか ……………………………… 52

3　役員退職金支給時のポイント（議事録，タイミング）……… 54
　　4　死亡退職金の活用 ……………………………………………… 56
　　　(1)　経営者が亡くなる前に退職して退職金を支給する場合 ……… 57
　　　(2)　経営者が亡くなったあとに死亡退職金を支給する場合 ……… 57
　　5　死亡退職金には相続税がかからない ………………………… 58
　　　(1)　死亡退職金の支給先及び支給時期 …………………………… 58
　　　(2)　死亡退職金の性質 ……………………………………………… 58
　　　(3)　死亡退職金への課税 …………………………………………… 59
　　　(4)　死亡退職金と合わせて支給する「弔慰金」等の扱い ……… 59
2-3　生命保険を活用する ……………………………………………… 60
　　1　生命保険を使った株価引き下げの仕組み …………………… 60
　　　(1)　保険料という損失を計上することで，利益及び純資産を
　　　　　圧縮し評価額を下げる方法 …………………………………… 60
　　　(2)　保険料を支払うことで，会社の純資産価額を下げる方法 … 61
　　2　生命保険を使った株価対策事例(1) …………………………… 61
　　　(1)　役員や従業員に対する保障を目的とした定期保険 ………… 62
　　　(2)　役員や従業員に対する退職金の支給を目的とした
　　　　　逓増定期保険 …………………………………………………… 62
　　　(3)　従業員の福利厚生を目的とした養老保険 …………………… 62
　　3　生命保険を使った株価対策事例(2) …………………………… 63
　　4　相続対策では個人でも保険に入る …………………………… 64

第3章　不動産を使って株価を下げる
3-1　遊休土地にアパートを建てる ……………………………………… 68
　　1　アパートを建てて株価を下げる ……………………………… 68
　　2　土地にアパートを建てるとなぜ株価が下がるのか ………… 69
　　3　アパート建築はアパート経営事業として考える …………… 71
　　4　アパート建築の失敗事例 ……………………………………… 73

3-2 タワーマンションを買う ……………………………… 76
1 タワーマンション節税の仕組み ……………………… 76
2 タワーマンション節税は株価引き下げにも使える …… 77
(1) タワーマンションを購入し，会社の純資産価額を
　　下げる方法 ………………………………………… 78
(2) 建物部分について減価償却を行うことで，利益及び
　　純資産を圧縮し評価額を下げる方法 ………………… 78
3 税制改正でタワーマンション節税はできなくなったか … 79

3-3 コンテナを買う …………………………………………… 81
1 コンテナとは ………………………………………… 81
2 コンテナ購入による株価引き下げの仕組み …………… 82
3 コンテナ節税のリスク ……………………………… 84

3-4 不動産小口化商品を買う ……………………………… 87
1 不動産小口化商品とは ……………………………… 87
2 不動産小口化商品の仕組み ………………………… 88
(1) 不動産自体の価格変動リスク ……………………… 89
(2) 不動産の流動性リスク …………………………… 89
(3) 投資案件数のリスク ……………………………… 90

第4章　持株比率を下げる

4-1 持株比率を下げて事業承継をスムーズに ………… 92
1 持株比率を下げる方法 ……………………………… 92
2 株式を生前贈与するには …………………………… 93
3 贈与税の計算方法 …………………………………… 95
4 誰にどれだけ贈与するのがベストか ………………… 98

4-2 株式譲渡 ……………………………………………… 100
1 株式を譲渡するには ………………………………… 100
2 株式譲渡にかかる税金の計算方法 …………………… 101

3　相続させるより譲渡したほうが得な場合 ················· 102
　　　（相続税と譲渡所得の税率の比較）
　　　(1)　課税標準が2,000万円の場合 ···························· 103
　　　(2)　課税標準が5億円の場合 ································ 103
4 - 3　従業員持株会を利用する ································ 104
　　1　従業員持株会とは ·· 104
　　2　従業員持株会の株価評価方法 ······························ 105
　　3　従業員持株会のメリット ·································· 107
　　4　従業員持株会のデメリット ································ 108
　　　(1)　経営者のデメリット ···································· 109
　　　(2)　従業員のデメリット ···································· 109
4 - 4　中小企業投資育成会社を利用する ························ 111
　　1　中小企業投資育成会社とは ································ 111
　　2　中小企業投資育成会社の株価評価方法 ······················ 112
　　3　中小企業投資育成会社のメリット ·························· 114
　　　(1)　投資業務に関するメリット ······························ 114
　　　(2)　育成業務に関するメリット ······························ 115
　　4　中小企業投資育成会社のデメリット ························ 115

第5章　事業承継税制
5 - 1　事業承継税制を利用する ································ 120
　　1　事業承継税制とは ·· 120
　　2　使い勝手がよくなった事業承継税制 ························ 121
　　3　事業承継税制を検討するのはこんな人 ······················ 123
　　　(1)　今後10年以内に事業承継を実施予定の場合 ················ 123
　　　(2)　自社株対策をする前に経営者が亡くなってしまった場合 ········ 124
　　　(3)　すでに若い後継者に事業承継が完了している場合 ··········· 124

5-2 納税猶予制度 ……………………………………………………… 126
　1　制度概要 …………………………………………………………… 126
　　(1)　会社の要件 …………………………………………………… 127
　　(2)　現経営者等の要件 …………………………………………… 127
　　(3)　後継者の要件 ………………………………………………… 128
　　(4)　事業継続要件 ………………………………………………… 129

第1章

事業承継5つのポイント

1-1 何を引き継ぐのか

　事業承継を考えるうえで，まずは「事業承継とはどのようなものなのか」を整理しておく必要があります。事業を引き継ぐといっても，社長の椅子だけを引き継ぐわけではありません。

　まずは，事業承継にあたって「何を引き継ぐのか」という点を明確にしましょう。

　承継対象は，「ヒト」，「モノ」，「カネ」，そして「情報」の4つがあります。

事業承継の対象	内　容
ヒ　ト	社長の役割と経営権，賛同してくれる従業員など
モ　ノ	自社株式，事業に必要な資産など
カ　ネ	運転資金，今後の投資資金など
情　報	経営理念，企業の信用力，ノーハウ，人脈など

　これらのどれか1つが欠けても事業承継は成功しませんので，実際の対策にあたっては，これら4つの承継を同時並行で行っていく必要があります。

　「ヒト」だけとってみても，従業員のことだと簡単に考えるのは禁物です。事業承継を成功させるには，「後継者に賛同してくれる従業員」を承継する必要があります。

　そのためには，後継者となる人と従業員との関係性を見極めたうえで，後継者が従業員から認められるための準備期間を設けることが必要になる場合が多く，単なる手続きをすればすぐに承継できるものではありません。

　「情報」についても同様で，ノーハウなど会社に蓄積しているものや，現経営者が築き上げた企業の信用力のように，承継できたかできないか明確には判断できないものもあります。

　特に中小企業の場合には，得意先，仕入先を含む経営者の人脈が事業を継続するうえでのキーポイントとなっていることが多いですし，事業の主力を担う

従業員が後継者と反りが合わずに退職し，企業にとって重要なノーハウが一気に失われることもあり得ます。

　また，事業承継では，企業に「目に見えるもの」と「目に見えないもの」が混在している中で，その両方を確実に引き継いでいく必要があるというのが難しいところです。

　「ヒト」については，従業員という存在は目に見えますが，従業員との信頼関係や従業員の士気などは目に見えません。

　「モノ」についても，事業で使用している機械は目に見えますが，その機械をスムーズに操るための感覚や勘どころは目に見えません。

　このように，事業承継は1つの契約を変更したりすれば簡単にできるものではありません。そして，事業承継では，形だけの形式的な承継ではなく，目に見えないものを含めた実質的な承継が求められます。

　時間軸という意味でも，すぐに引き継げるものもあれば，時間をかけなければ引き継げないものもあります。

　そのため，事業承継を成功させるには準備が重要であり，よい準備をするためにやはり時間がかかるということを認識したうえで，早いうちから対策を行っていくことが重要になってきます。

1　ヒトを引き継ぐ

　事業承継において，「何を引き継ぐのか」の1つ目は，「ヒト」です。事業承継では，経営者が現経営者から後継者へと代わり，株式も現経営者から後継者へと引き継がれます。

　このような経営者の変更や株主の変更などがあっても，従業員は基本的にはその影響を受けません。企業と従業員との間の雇用契約は，経営者や株主の変更があってもそのまま継続します。したがって，一見すると法的には事業承継において従業員の引継ぎは問題とならないのではないか，とも思えます。

　しかし，実際には従業員の引継ぎにあたって，さまざまな問題が生じます。

法的にはいくら雇用契約が継続しても，承継に伴って後継者が従業員の賛同を得られずに一斉に退職してしまっては，事業の継続は困難だからです。

中小企業においては，事業自体が従業員に依存している割合が高いといえます。大企業では，ある意味「誰がやっても同じ結果」となるような仕組みが浸透しており，従業員が数名退職しても，配置転換や中途採用などですぐに不足を補うことができますが，中小企業ではそうはいきません。

中小企業では，事業が従業員に依存している割合が大きく，数名の従業員が退職しただけで事業継続が困難となってしまう可能性もあります。また，事業のノーハウなども従業員の中に蓄積している部分も多く，特に事業の中核を担う幹部社員が後継者に賛同できずに退職してしまうと，事業継続が一気に困難になるリスクが高まります。

そのため，事業承継においては「後継者に賛同してくれる従業員」をうまく引き継げるかどうかがとても重要になります。そして，それにはやはり時間が必要で，後継者となる人が早い段階から企業に入り，事業の中核を担う古参の従業員とよい関係性を築いておくことが重要です。

一方で，後継者が事業を承継して経営をしていくうえで障害となる従業員がいる場合には，そのような従業員の処遇についても検討する必要があります。古参の従業員の中には，後継者が打ち出す新しいアイディアなどに対してアレルギーを持つ場合もあります。しかし，企業の成長段階に合わせて改革を行っていくときに，そのような古参の従業員がブレーキをかけてしまうと，企業全体にとってマイナスになってしまいます。

そのようなリスクが考えられる場合には，経営者の退任に合わせて一定の退職金等を支払ったうえで円満に退職してもらうなどの対応も1つです。

従業員の引継ぎにあたっては，経営者，後継者，そして中核となる従業員がそれぞれによい関係性を築けるかが最も重要です。よい関係性は一朝一夕で築けるものではないので，早いうちから後継者が企業に入り，一緒にさまざまな難題を乗り越えて関係性を深めていくことがよい承継の王道といえるでしょう。

2　モノを引き継ぐ

　事業承継において，「何を引き継ぐのか」の２つ目は，「モノ」です。ここでいう「モノ」とは，「自社株式」と「企業の資産」の２つに分かれます。

　自社株式の問題は，事業承継で生じるものとして最も多い部類に入ります。事業を承継するうえでは，一般的には経営者が保有している企業の株式を後継者が引き継ぐことになります。事業承継にあたっては，経営者が持っている自社の株式を後継者に承継して，後継者に企業の経営権を握ってもらう必要があります。

　しかし，自社株式はタダではありません。自社株式の価値の算定については後述しますが，一定の価値のある企業の株式を対価を支払わずに承継した場合には，「贈与税」が課せられることになります。一度に全株式を贈与してしまうと，一気に多額の贈与税がかかるという事態になりかねませんので，自社株式についても時間をかけて少しずつ承継していくことが基本になります。

　自社株式については，企業の重要事項を後継者単独で決定することができる３分の２以上の議決権を持つ株式を後継者が承継することが重要です。自社株式が親族・知人などの方々に広く分散してしまっていると，後継者が経営権を握った瞬間に，今まで黙っていた株主が一気に経営に口を出してくるという可能性もあります。後継者が単独で３分の２以上の議決権を保有し，重要事項をすべて単独で決定できる状況をつくることが安定した経営につながります。

　また，もう１つの「モノ」として，「企業の資産」があります。

　通常，企業の経営に必要な工場であったり，機械であったり，事務所の備品などは企業で購入したり，企業の名前でリース契約をしたりしていることがほとんどです。そのため，企業の株式を承継すれば，それらは自動的に企業ごと承継されることになります。

　しかし，中には企業で使用している土地や重要な機械などが経営者の親族や知人の名義になっていることもあります。そのような方々から企業が賃借して使用しているような場合です。

事業を承継するのが親族である場合には，それほど大きな問題にはなりませんが，従業員や第三者が事業を承継する場合には，これら事業に必要な資産を含めて承継を考えなければなりません。経営者との関係性から資産を賃借できていたとすると，後継者が事業を承継したあとに，条件変更を要求されたり，賃借の継続を拒否されたりするケースもあります。

そのため，承継にあたっては，企業で使用している重要な資産について，名義や契約関係を確認するとともに，承継後も円滑に使用継続できるような関係性を構築することが重要です。

事業を承継するうえで必要な経営権（自社株式）と重要な資産がスムーズに承継されることも，円滑な事業承継では重要な要素といえます。

3　カネを引き継ぐ

事業承継において，「何を引き継ぐのか」の3つ目は，「カネ」です。企業経営を行うにあたっては，必ず資金が必要となります。

企業は，株式を発行したり，金融機関からの借入を行ったりして資金調達をすることによって事業を継続させています。企業が保有する現金や預金については，後継者が自社株式を承継することで同時に承継することができます。

これだけでは大きな問題にはならないようにも思えますが，実際の承継では資金と同時に借入金などの負債も承継することになります。

借入金については，借入先が銀行や信用金庫などの金融機関の場合に，事業を承継する人が金融機関の信用に値するかどうかという問題が生じます。金融機関が後継者を評価しない場合は，融資を継続していくことが難しくなるかもしれません。また，融資を受けるときに個人保証をしたり，経営者自らの財産を担保に提供したりしている場合には，同様の保証や担保の提供を後継者になる人ができるのかという問題もあります。

さらには，経営者の古い友人から創業当時に資金を借りていたような場合は，経営者が引退するにあたって，その友人が返済を求めてくる可能性もあります。

また，過去に経営者が残した未払金などの債務の中で内容が不明なものがあれば，それについても内容の確認と整理が必要です。

　経営者という存在があって均衡が保たれていたものが，後継者に承継されることでバランスが崩れ，取立てなどを受けることはよくある話です。このような場合には，その返済のために追加で金融機関からの借入が必要になる場合もあるため，注意が必要です。

　企業が事業を行っていくうえで必要な資金は，経営者や，金融機関，外部の第三者から調達したものです。出資や貸付の形で中小企業にお金を出すということは，上場企業の株式に投資するのとは違います。中小企業にお金を出すときは，さまざまな思いがあってお金を出すわけですから，経営者はそのようなたくさんの方々の思いを感じながら事業をしてきているはずです。

　中小企業の事業承継において，お金を引き継ぐということは，お金を出してくれた方々の思いも含めて引き継ぐという側面もあります。後継者がその方々の思いを踏みにじるようなことがあれば，一気に問題として顕在化して，たちまち承継は困難になってしまいます。

　承継にあたって，整理しておいたほうがよいお金，引き継ぐべきお金を明確にして，円滑な承継ができるようにすることが重要です。

4　情報を引き継ぐ

　事業承継において，「何を引き継ぐのか」の4つ目は，「情報」です。情報というと少しあいまいですが，具体的には，「経営理念」，「人脈」，「特許や技術」，「ノウハウ」，「ブランドイメージ」などです。

　まず，承継すべき情報の中で最も重要と考えられるのが「経営理念」です。経営者が作り上げた企業の屋台骨となるのが経営理念であり，これを後継者が承継できない場合には承継自体がうまくいきません。

　後継者が経営者の経営理念を全く無視して経営を行えば，従業員の離散を招く可能性もありますし，長年付き合ってきた得意先なども離れて行ってしまう

原因になります。経営者は，自らの経営に対する想いや価値観を明確に示すとともに，それを後継者や従業員に教育などを通じて伝えていく必要があります。

また，経営者が持っている「人脈」の承継も重要になります。企業を取り巻く得意先，仕入先や将来の得意先となるような人脈がうまく承継できなければ，将来のトラブルのもとになりかねません。経営者と後継者は別の人間ですので，経営者と同じように信頼を勝ち取ることはすぐには難しい面もありますが，少なくとも「経営者が認めた後継者」というイメージを持ってもらい，少しずつ経営者の人脈の中で信頼を得るとともに，後継者独自の人脈を広げていくことが大切です。

得意先，仕入先，金融機関などに後継者を同行させて，事業承継について関係者の理解を得る必要もあります。

さらに，事業自体を継続するために「特許や技術」，「ノーハウ」の承継も重要です。これは主に従業員に依存する部分が大きいですが，いわゆる「熟練工」といわれる技術を持つ従業員が年齢等を理由に経営者の引退に合わせて退職するケースもあります。それによって企業にとって重要な技術やノーハウが失われてしまえば，事業継続は不可能となります。

特に従業員が高齢化している企業の事業承継にあっては，ベテラン社員から若手社員への技術移転及びベテラン社員の頭の中や体に染みついている技術やノーハウの可視化を行い，若手社員への技術移転を促進する仕組みづくりも大切です。

最後に，「ブランドイメージ」の承継が必要です。企業の強みや経営理念から構成される企業のブランドイメージというのは，目には見えませんが確実に存在しています。

「しっかりした企業」「明るくて楽しそうな企業」という漠然としたイメージもありますが，一方で，社章やロゴ，ブランドカラーなど含めたイメージもあります。これらが承継によって一気にガラッと変わってしまうと，得意先などからも疑問の声が上がる可能性もあります。

事業承継においては，本来であれば後継者は自分のやりたいように事業を行

い，経営者の事業を拡大・発展させていくことが理想ですが，日本人の気質として，やはり経営者の思いやそれまでの歴史をないがしろにするようなことは受け入れがたいものがあります。

　経営者の色を受け継ぎ，大事に守っていくとともに，その中で後継者が少しずつ自分の色を足していって，結果として経営者と後継者の「いいとこ取り」をするのが，理想的な承継といえるのではないでしょうか。

1-2 誰に引き継ぐのか

　事業承継の準備を進めていく際に，最初にやらなければならず，かつ，最も慎重な検討を必要とすることが，経営者が長年にわたって築き上げてきた財産（ヒト，モノ，カネ，情報）を引き継がせる後継者を選択すること，すなわち「誰に引き継ぐのか」を決めることです。

　近年，多くの企業が，業績がよいのにもかかわらず，後継者の確保ができないことを理由に廃業を余儀なくされています。経営者の意思に反して廃業することのないように，早い時期から後継者を誰にするかを検討していく必要があります。後継者を見つけることができた場合でも，すぐに後継者へバトンタッチできるわけではなく，経営者としてふさわしい状態に育成するまで時間が必要です。

　また，会社の経営権である株式について売却や贈与により一度に承継を行ってしまうと所得税や贈与税が多額になることが予想されますので，早い段階で後継者を決めることで，その後は時間をかけて徐々に株式を承継していくことができます。

　さらに，社内にも誰が後継者なのかを早めに示すことで，後継者が社内で認められるための準備期間を設けることができ，スムーズな承継が可能になります。

　後継者を誰にするかについては，大きく分けて「親族内の者か，親族外の者か」，「社内の者か，社外の者か」の3つの場合があり，各承継方法を理解して後継者を決定する必要があります。

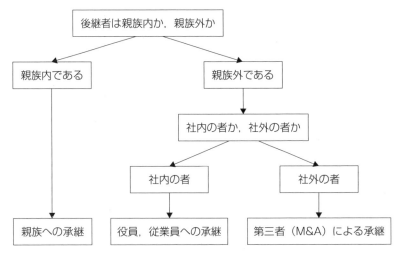

1　親族（子どもなど）への承継

　多くの経営者には、「長年に渡り築いてきた会社や財産を子どもに残したい」という思いがあります。また、経営者の子どもにおいても、「親が築いてきた会社を親の代で終わらせることなく、将来まで残していきたい」、「親の意思を尊重したい」との思いがあることが多いことから、やはり、親族（子どもなど）を後継者とする承継が最も主流となっています。

　しかしながら、親族へ承継する場合には、留意しなければならない点がたくさんあるため、「子どもを後継者とする」と安易に考えてしまうと、結果として事業を継続することができない状況に陥る可能性があります。そのため、親族に承継する際の留意点を1つずつクリアにしていくことが重要になります。

　経営者の親族が後継者となる場合には、長い時間を経営者とともに過ごしており、経営者の考えを理解していることが多いため、社内外の関係者から受け入れられやすいといえます。また、他の承継方法と比べて後継者の選択に割く時間が比較的短くてすむので、後継者の育成に時間をかけることが可能となり

ます。また，後継者にしたい親族が，経営者としての能力が不足する場合にも，早めに育成を開始することで経営者としての素質を備えさせることができます。

　一方で，たとえば経営者に２人の子どもがおり，会社を長男に継がせようとした場合には，経営者が所有している自社株式や会社の土地などの財産を長男へ承継させ，二男へは何も財産を残さないとすると，兄弟間で格差が生まれ，何ももらえなかった二男は不満がたまることとなり，争いが生じてしまうことがあります。

　親にとって，子ども同士が争いをしている状況は回避したいですから，子どもが複数いる場合には，繰り返し親族会議を行い，誰を後継者とするか，財産をどのように分配するかなどの話し合いに時間をかけることが重要となってきます。そして，繰り返し話し合いを行ったとしても争いが生じてしまう場合には，会社の分社化などを検討する必要が出てきます。

　また，たとえば「事業は子どもに承継することが当たり前だ」と考えてしまうと，準備を始める時期が遅れてしまいがちです。親族に承継をするときに早めに準備をしておかないと，突然に健康状態が悪化した場合などは，まだ他の会社で働いていて会社のことを何も知らなかったり，すでに会社で働いていても経営者としての能力はまだ不足していたりする子どもが無理をして事業を引き継ぐこととなり，従業員や取引先，金融機関などからの信頼を得られずに，会社が倒産してしまうケースも考えられます。

【後継者が親族（子どもなど）である場合のメリット・デメリット】

	内　容
メリット	① 会社の従業員や取引先などの関係者から受け入れてもらいやすい。 ② 経営者の持っている自社株式や借入金の個人債務保証の引継ぎが比較的容易に行える。 ③ 金融機関との関係性が維持しやすい。 ④ 後継者としての育成が早期から実施できる。
デメリット	① 経営者としての素質があるとは限らない。 ② 子どもが複数いる場合には対立が起こる可能性がある。

2　親族以外の役員や従業員への承継

　近年では，事業の将来性などに不安があることや職業選択の自由などを理由に経営者が自分の親族に事業を引き継がせたいという意思があっても，その親族が事業を承継する意思がないケースが少なくありません。

　反対に，子どもなどの親族が事業を引き継ぎたいと考えていても，能力が不足しているなど経営者としての資質が足りないことから，経営者が親族には引き継がせることができないと考えるケースもあります。

　さらには，経営者に事業を承継させる子どもがいないケースもあります。

　このようなことから，親族に事業を承継するのではなく，会社で働いている親族以外の役員や従業員を後継者とする承継方法が急増しています。

　会社の役員や従業員が後継者となる場合には，親族に承継させる場合とは違って，後継者を幅広く探すことができます。

　特に役員や従業員で後継者の候補となるような人は，長年会社に勤めてきたような人も多く，親族に承継する場合や第三者に承継する場合と異なり，一から教育をする必要はありません。

　また，それまで経営者の下で一緒に働いてきた人ですから，経営者が大事にしてきた企業の経営理念についてもよく理解しているので，第三者に承継する場合と比べて，経営者が守りたい企業文化が維持される可能性が高いといえます。

　さらには，会社で働いている人にとっても，いつかは自分が経営者になれるかもしれないと高いモチベーションを維持した状態で仕事を行うことができます。結果として離職率の低下につながるかもしれませんし，そもそも，役員や従業員だった人が事業を承継するというのは，企業にとって最も自然な流れですから，従業員だけでなく，取引先や金融機関の理解も得やすいです。

　一方で，会社の役員や従業員が後継者となる際に経営権の塊である「自社株式」を経営者から引き継ぐ場合には，多額の資金を要することが見込まれます。役員や従業員が後継者となる場合は，必ずしも後継者が「自社株式」を承継す

るのに必要な資金を持っているとは限りません。したがって，資金調達の方法を検討したり，タイミングを図ったりして，適当な時期に適当な量ずつ承継していくことが必要となり，承継までの期間が長くなることも考えられます。そのため，早い時期から対策を行う必要があります。

　また，親族以外が承継を行う場合には，経営者の親族に快く思わない人がいることも少なくありません。後になって争いが起こってしまうと，今まで進めてきた承継をまた一からやり直す必要が出てしまい，場合によっては事業を承継できなくなる可能性もあります。このような不測の事態を避けるためにも，親族とのコミュニケーションをしっかり図り，了解を得ることが必要です。

【後継者が親族以外の役員や従業員である場合のメリット・デメリット】

	内　容
メリット	① 経営者としての素質を持った人を指名できる。 ② 企業内の役員や従業員の士気の向上が期待できる。 ③ 長年自社で働いてきた役員や従業員を後継者とする場合には，自社の業務や経営方針を理解している。
デメリット	① 役員や従業員から不満が出る場合が存在する。 ② 資金がない場合には，自社株式の承継をすることが難しい。 ③ 借入金の個人債務保証の引継ぎが難しい。

3　M&Aなどによる第三者への承継

　親族や役員，従業員の中に後継者の候補がいない場合には，廃業するケースがありますが，このような場合でも簡単に廃業させることはできません。そのため，親族や役員，従業員から後継者を見つけ出せない場合には，M&Aなどの第三者を活用した事業承継を考えることになります。そして，近年は後継者の確保が困難であることもあり，M&Aなどによる承継は増加傾向にあります。

【事業承継のM&A手法】

種　類	内　容
株式譲渡	経営者が所有している株式を買い手に売却する手法で，他の方法と比べても比較的簡単な方法です。
事業譲渡	事業の全部又は一部を売却する手法で，譲渡することとなる資産，負債，契約関係，雇用関係などを1つ1つ決めていかなければならないため，手続きが煩雑となります。
吸収合併	会社の全ての資産，負債，従業員などを他の会社に承継してもらい，会社を消滅させる手法です。
会社分割	会社の事業や部門の全部又は一部を分割し，譲受会社に継承させる手法で労働契約承継法によって，従業員の現在の雇用が確保されるというメリットがあります。

　M&Aによる承継は外部の第三者に対する承継方法であるため，経営者の身近に後継者としての適任者がいない場合でも，広く候補者を探すことが可能となります。また，後継者がいないことによって会社を廃業させてしまうと，従業員を路頭に迷わせたり，取引先にも迷惑をかけてしまうこととなりますが，M&Aを行うことよって会社は存続するため，従業員の雇用が確保でき，取引先との関係も継続することが可能となります。さらに，経営者は会社や自社株式を外部の第三者に売却することで資金を手にすることができます。

　一方で，他の承継方法に比べて候補者探しに時間がかかるため，候補者を探してる間に事業が縮小してしまうと経営者が得られる利益が少なくなったり，最悪の場合には買い手が現れないということも考えられます。また，買い手に経営理念が引き継がれず，従業員が会社から離散してしまう可能性があります。

　このような状況にならないためにも，早い時期から承継者探しを行うことが重要です。

【M&Aによる承継のメリット・デメリット】

	内　容
メリット	① 後継者としての適任者がいない場合でも，広く候補者を外部に求めることができる。 ② 経営者が会社売却に伴い資金を得ることができる。
デメリット	① 条件を満たす買い手が現れるかは不明である。 ② 買い手に経営理念が引き継がれず，従業員等が離散してしまう可能性がある。

1-3 いくらで引き継ぐのか

　事業承継においては，自社株式の承継がキーポイントになります。自社株式が承継できれば，企業自体を承継したことになるため，企業が保有するさまざまな資産についても自動的に承継が完了するからです。

　しかし，自社株式は「タダ」ではありません。価値のあるものを「タダ」やそれに近い安い金額で渡してしまうと，税金が課せられることになります。

　たとえば，500万円の価値のあるものを100万円で譲ってもらったとすると，相手から「400万円をもらった」と同じことになります。そうなると，400万円得をしたのだから，この分に税金が課されるということです。

　このようなことが自社株式でも起こります。自社株式の価値が500万円なのにタダで譲ったとしたら，もらった側は500万円をタダでもらったと同じですので，税金がかかります。

　しかし，自社株式の難しいところは，「価値がはっきりしない」という点です。現金をもらったのであれば，その価値は一目瞭然ですが，自社株式の価値はどのようにすればわかるのでしょうか。

　自社株式の価値というのは，企業自体の価値とほぼイコールです。そうなると，自社株式の評価額というのは企業自体の評価額ということになります。

　中小企業は，常に事業上のリスクにさらされています。ある時，大口の得意先が倒産してしまえば，それによって連鎖倒産してしまう可能性もありますし，仕入先が倒産して自分たちも製品が作れなくなることだってあり得ます。従業員が一斉に退職してしまうこともなくはありません。

　業績についても，これまではよかったかもしれないけれど，これからもよいとは限らない場合も大いにあり得ます。

　このようなさまざまなリスクを切り抜けて毎期経営を続けてきた企業の価値を，金額として「いくら」と評価することはそもそも困難なのです。

　実際に，企業の評価額を正確に算定できる人はこの世には存在せず，自社株

式の本当の価値は誰にもわかりません。

　しかし，自社株式の評価額が正確に算定できないとしても，「言い値」で承継するわけにもいきません。そうなると，人によって自社株式の価値が変わり，公平に課税することができませんから，自社株式の価値（評価額）の算定について，国は形式的に一定の方法を定めています。

　自社株式の明確な価値はわからないので，日本全国で統一的な評価方法を作り，それに当てはめて計算することで評価をしましょうということです。この方法が自社株式の価値を正確に反映しているかは一旦置いておき，ひとまず全国統一の基準で評価をすることで，人によって課税に差が出ることはないようになっています。

　そのため，事業承継においては，基本的にはこの算定方法に則った金額で承継を行うことになります。

　この算定方法はいくつかありますので，順に見ていきます。

1　親族に引き継ぐ場合の株価評価

　親族に引き継ぐ場合，つまり後継者が親族の場合の自社株式の評価方法を見ていきます。

　自社株式の価値は誰にもわからないものですが，国が定めた評価方法によって価値を算定するというのは先に述べたとおりです。国の定めた評価方法についてはかなり複雑ですから，大枠で理解していただければと思います。

　まず，自社株式の価値は，議決権で変わります。たとえば企業の2分の1超の議決権を持つ株主は，企業の意思決定権の過半数を握っており，その企業をほとんど意のままに操ることが可能です。

　一方で，たとえば議決権の1％しか持たない株主は，企業の意思決定上は「いてもいなくても変わらない存在」であり，株主総会の決議に対する影響力は0（ゼロ）に等しくなります。そのため，企業の2分の1超の議決権を有する株主が持つ1株の価値と，議決権の1％しか持たない株主が持つ1株の価値

には，同じ1株でも差があることになります。

　そこで国は，承継後に企業の意思決定権を支配できる株主となるかそうでないかで自社株式の評価方法を分けています。承継後に意思決定権を支配できる株主の株の評価方法を「原則的評価方法」といい，そうでない株主の株の評価方法を「特例的評価方法」といいます。

　事業承継では，後継者が企業の意思決定権を握り，事業を承継していくことがほとんどです。そのため，基本的には後継者が企業の意思決定権を支配できる株主となりますので，事業承継における自社株式の評価はほとんどの場合で「原則的評価方法」となります。では，「原則的評価方法」とは，どのような方法かを見ていきます。

　まず，原則的評価方法は，「類似業種比準価額方式」と「純資産価額方式」の2つからなっています。

　類似業種比準価額方式とは，同業他社の株価の平均値に一定の調整計算を加えて計算する方法です。国が定期的に業種ごとに平均株価を公表しており，その株価を用いて算定するのが類似業種比準価額方式です。

　純資産価額方式とは，企業の純資産価額から株価を算定する方法です。企業が持つ資産と負債の差額を純資産といい，基本的には純資産が大きければ大きいほど安定したよい企業となります。

　この2つの方式を企業の規模ごとに分けたうえで適用して，最終的な自社株式の評価額を算定します。21ページでは，卸売業の場合を掲載しています。ここで「大会社」と判定されれば，類似業種比準価額方式又は純資産価額方式のいずれか低い方で評価されたものが評価額となり，「小会社」と判定されれば類似業種比準価額方式50％，純資産価額方式50％又は純資産価額方式100％のいずれか低い方法で評価されたものが評価額となります。

　株価については，基本的に類似業種比準価額方式で算定した株価のほうが純資産価額方式で算定した株価よりも低くなる傾向にあるため，純資産価額方式100％で評価する場合より，類似業種比準価額方式との併用方式のほうが株価は低くなることが多いと考えられます。

2　従業員に引き継ぐ場合

　親族ではなく従業員に引き継ぐ場合に，自社株式の評価額がどう変わるかを見ていきます。

　自社株式の評価方法は，前述のとおり「原則的評価方法」と「特例的評価方法」の2つです。

　従業員が後継者となる場合でも，やはり後継者は承継後の企業の意思決定権を握ったうえで経営をしていくことになります。そうなると，後継者は経営者から少なくとも50％超の議決権を持つ株式を承継することが多くなります。後継者となる従業員は，自社株式を承継後に企業の意思決定権を支配できる株主となりますから，この場合でも親族の場合と同じように「原則的評価方法」で評価を行うことになります。

　ここで少し注意が必要なのは，評価方法は「株式を取得した側」で判定することです。企業の議決権の90％を持つ株主から，第三者に議決権1％分の株式を譲渡するケースでは，この株式を取得した方にとっては企業を支配することは全くできませんから，この場合の評価方法は「特例的評価方法」になります。

　株式を渡す側の議決権割合を見るのではなく，株式を渡した相手にとってその株式がどのような価値を持つかという点から見て評価方式が決まってくるのです。そして，事業承継においては，承継後に後継者が議決権の過半数を持つケースが多いので，後継者に承継するときの評価方法は，通常多くの場合「原則的評価方法」となるのです。

【卸売業の場合の原則的評価方式の評価方法】

純資産価額と従業員数	取引金額	判定	
従業員数70人以上	ー	大会社	
20億円以上かつ35人超	30億円以上		
4億円以上かつ35人超	7億円以上30億円未満	中会社	中の大会社
2億円以上かつ20人超	3.5億円以上7億円未満		中の中会社
7,000万円以上かつ5人超	2億円以上3.5億円未満		中の小会社
7,000万円未満又は5人以下	2億円未満	小会社	

※ 「純資産価額と従業員数」と「取引金額」で判定が異なる時は、いずれか上位のほうが採用されます。

判定	評価方法
大会社	類似業種比準価額又は純資産価額
中の大会社	類似業種比準価額×0.9＋純資産価額×0.1又は純資産価額
中の中会社	類似業種比準価額×0.75＋純資産価額×0.25又は純資産価額
中の小会社	類似業種比準価額×0.6＋純資産価額×0.4又は純資産価額
小会社	類似業種比準価額×0.5＋純資産価額×0.5又は純資産価額

3 第三者に引き継ぐ場合

　最後に、第三者に引き継ぐ場合の自社株式の評価について触れます。第三者とは、「個人」と「法人」の場合があります。

　まず個人ですが、これも従業員に引き継ぐ場合と同じで、事業承継では基本的に引き継いだ第三者が企業の意思決定権を支配できる株主となりますので、「原則的評価方法」によって評価することになります。

　一方で、引き継ぐのが法人の場合はどうでしょうか。事業承継においては、経営者から後継者への承継ばかりが取り上げられますが、実は「法人」が引き継ぐことも可能です。どのような場合かというと、「M&A」による場合です。

　たとえば、他の企業に経営者が持つ自社株式を買い取ってもらうと、他の企業の子会社として生き続けることができます。後継者となる人がどうしても見

つからない場合などには，M&Aによる方法も1つです。

そして，この場合には，国が定めた明確な自社株式の評価方法は存在しません。原則として，売買の当事者となる経営者と承継企業との間での交渉によって合意した金額で売買をすれば，課税上の問題は生じません。

「原則として」としたのは，売買当事者間で通謀して，意図的に安い金額で売買をしたり，通常の時価とはかけ離れた金額で売買が行われた場合には，売買当事者間で利益供与があったとされ，課税がなされる可能性があるからです。

そこで，実際には適正な金額での売買だということを裏付けるために公認会計士や税理士による「株価鑑定」を実施する場合が多いです。実際に公認会計士や税理士によってさまざまな観点から株価鑑定を実施してもらい，そこで鑑定された金額をもとに交渉をして最終的な売買価格を決めるという形です。

公認会計士や税理士がどのような方法で株価鑑定を実施するかは，ケースバイケースですが，以下に代表的なものをあげておきます。

(1) 時価純資産価額方式

これは，その企業が持っている資産と負債を時価評価し，資産と負債の差額としての純資産の金額を企業価値とみなして，企業価値を発行済株式数で除して出た値を株価とする方法です。企業が持っている有価証券や土地などの不動産などをすべて時価評価して，今現在で資産から負債を支払ったらいくら残るかという観点から，企業価値を算定します。この方法は，「今企業を清算したらいくら残るか」という意味で，ある程度客観的な企業価値を算出することができるのがメリットですが，逆に「これからこの企業がいくら利益を上げるか」という点は無視していますので，企業の将来性が評価できない点がデメリットとなります。

(2) DCF方式

これは，ディスカウント・キャッシュ・フロー方式といわれるもので，企業がこれから将来にわたっていくらの利益（キャッシュイン）を上げるかを予測

し，企業に将来もたらされる予想利益額から企業価値を求め，企業価値を発行済株式数で除して出た値を株価とする方法です。

　この方法は，企業の将来性を価値に織り込めるというメリットがありますが，将来の予測というのはとても難しく，予測どおりにいく可能性を保証できず，結果としてさまざまな要因から予測が外れてしまうリスクがある点がデメリットとなります。

　実際には，他にも方法はありますが，この２つが代表的です。また，(1)と(2)を組み合わせる場合もあります。いずれにせよ，この鑑定は絶対ではなく，交渉の出発点となる参考価格に過ぎませんから，実際にはこれをもとに交渉をして最終金額を決定することになります。

4　特殊な場合の株価評価

　前述のとおり，株価評価における「原則的評価方法」は，「類似業種比準価額方式」と「純資産価額方式」の２本立てです。そして，類似業種比準価額方式は同業他社の株価の平均値をもとに評価する方法で，純資産価額方式はその企業の純資産価額をもとに評価する方法でした。

　企業の規模が大きくなればなるほど，他の同業他社の平均値に近づくだろうという前提で，類似業種比準価額方式の割合が増え，企業の規模が小さいとその企業特有の事象によって株価はまちまちなので，その企業特有の事象を反映できる純資産価額方式の割合が増えることになっていました。

　ただ，この類似業種比準価額方式が実は問題で，世の中には，規模は大きいけれども同業他社とは明らかに異なる内容の企業や，類似業種比準価額方式で必要とされる利益や配当がない又はマイナスとなっている企業もあります。

　前者の場合は内容が明らかに異なるのに類似業種比準価額方式を用いるのは不合理ですし，後者の場合は類似業種比準価額方式を物理的に適用できない，又は類似業種比準価額方式での評価が著しく不合理となるため，そのような場合には純資産価額方式をメインに評価をするというルールになっています。

(1) 株式等が多すぎる場合

　企業の総資産のうちに占める株式等の価額が50％以上である場合には，「株式保有特定会社」となり，企業規模に関係なく「純資産価額方式」で評価を行うことになります。ただし，「S1＋S2方式」という簡易的な評価を行うことも可能です。

　「S1＋S2方式」とは，評価対象企業の財産を株式等（S2）とその他の財産（S1）に分け，株式等（S2）は純資産価額方式によって評価をし，その他の財産については企業規模に応じて原則的評価方法で評価し，2つ（S1とS2）を合計する方法です。

(2) 土地が多すぎる場合

　総資産に占める土地等の価額の割合が原則的評価方法における中会社で90％，大会社で70％以上の場合には「土地保有特定会社」とされ，企業規模に関係なく「純資産価額方式」で評価を行うことになります。また，原則的評価方法における企業規模判定で小会社となる場合でも，総資産のみをもとに企業規模を判定したときに中・大会社となる場合には，土地の割合がそれぞれ90％，70％以上となれば「土地保有特定会社」となります。

(3) 設立3年以内の企業

　設立3年以内の企業は，類似業種比準価額方式を用いるための必要数値が取れないことや，節税目的で企業を設立して評価の低い類似業種比準価額方式で評価されるのを防ぐ観点から純資産価額方式で評価されることになります。

(4) 配当や利益のない企業

　類似業種比準価額方式では過去2期間の配当や利益を使用しますが，これらが0（ゼロ）又はマイナスの場合には類似業種比準価額方式での評価が不当に低くなるため，次の方法で評価することになります。

同族株主等の議決権割合	評価方法
50%超	純資産価額方式
50%以下	純資産価額方式の評価額×80%

第1章 事業承継5つのポイント

1-4 いつ引き継ぐのか

　事業承継については,「ヒト」,「モノ」,「カネ」,「情報」とさまざまなことについての検討が必要となるため, 一度に引き継ぐことはできません。そのため, 何を, どのような方法で, どのタイミングで引き継いでいくかを検討し, スケジューリングすることが大切です。

　事業承継における具体的なスケジュールは, 次のようになります。

(1) 会社が置かれた現状の分析と問題点の洗い出し
(2) 各問題点についての対応策の検討
(3) 検討した対応策の実行

　事業承継を完了させるには10年近くの期間が必要となるため, 早い時期から準備を進めていく必要があります。現在の事業承継の実態を見てみると, 多くの場合においては適切なスケジューリングができておらず, 準備不足を原因として事業承継がスムーズに進んでいません。

　それでは, なぜ多くの会社で事業承継の準備不足が起きているのでしょうか。これは, 経営者に問題があります。

　事業承継のタイミングやスケジュールは経営者が自ら決めるものですから, 適切なタイミングで適切なスケジュールを考えるのは, 会社のことを誰よりも思っており, 会社を将来までしっかりと残していきたいと考えている経営者が自ら行わなければなりません。

　しかしながら, 経営者は「いくつになっても現役で働き続けたい」という思いが強く, 本来であれば事業承継について考えなければならない年齢になっても,「まだまだ働ける」と考えてしまいがちです。そのため,「現役で働いているうちは, まだ事業承継は不要だ」,「事業承継のことを考える時間がない」と事業承継について考えることがついつい後回しになる傾向があり, 結果として準備が進まないケースが多いのです。

準備不足の状況であったとしても，経営者がまだまだ働けるうちはよいのですが，いざ引退を考えたときに準備が進んでいないと，次の世代にバトンタッチすることができず，事業承継が完了するまで働き続ける必要があります。事業承継については10年近くの期間が必要となるため，事業承継が完了するまで働き続けることが難しい場合には，うまく承継ができないこととなり，最悪の場合には廃業しなければならないことにもなりかねません。そのようなことにならないためにも，経営者がしっかりと将来のことを見据えたうえで，自ら事業承継について検討しスケジューリングをしていくことが大切になってきます。

　事業承継を考える時期としては，中小企業の経営者の平均引退年齢が67歳～70歳前後となっていることから，経営者が還暦を迎えた時期を1つの目安とするのがよいでしょう。

　なお，中小企業の経営者の現在の平均年齢が約60歳であるため，多くの会社で事業承継についての準備を進める時期になっています。経営者が60歳を迎えている会社で，まだ事業承継の準備を進めていない会社は，経営者が自ら率先して事業承継のスケジュールを立てることから始めてみましょう。

1　事業承継のスケジュールについて考えよう

(1)　現状分析と問題点の洗い出し

　事業承継のスケジュールを考えるうえで重要なことは，まず会社が置かれている現状を分析し，解決しなければならない点を列挙することです。

　なぜ，現状分析と問題点の洗い出しを行うことが重要なのでしょうか。

　事業承継は経営者だけでなく，後継者，従業員，取引先，親族など多くの人が関係する会社にとっての一大イベントです。また，事業承継に費やす期間も長期間に及ぶため，失敗した場合にもう一度やり直しをしようとすると，多大な労力と時間が必要となります。そのため，事業承継を成功させるために，会社の現状を把握し問題点を1つずつ解決していく必要があります。

　現状分析と問題点の洗い出しとして最低限必要なこととしては，次の3つが

考えられます。

> ① 後継者の存在
> ② 承継しなければならない会社の資産・負債の把握
> ③ 自社株式の現在の評価額

(2) 各問題点についての対応策の検討

　現状を認識し問題点を洗い出すことができたら，問題点を解決するための対応策を考える必要があります。会社ごとに置かれている状況がまったく異なり，問題点への対応策についても無数に存在するため，事業承継を進めるうえで最も時間がかかり慎重な検討を要するのが「対応策の検討」になります。

　たとえば「後継者を誰にするか」だけをとってみても，親族を後継者とするのか，役員や従業員にするか，それとも第三者にするかと複数のパターンがあるため，時間をかけて検討していくことが重要です。

(3) 検討した対応策の実行

　対応策の検討ができましたら，最後は対応策を実行に移すことになります。

　対応策を実行する場面では，大きなパワーが必要となり，場合によっては新たな問題点や検討すべきことが生じてくるケースがあります。事業承継の肝となる点が最初からやり直しにならないよう慎重に対応策を実行することが必要です。

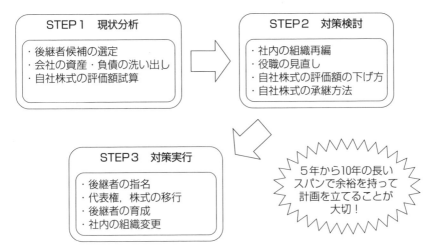

【事業承継のおおまかなスケジュール】

2　事業承継を実行するには時間がかかる

　事業承継においては，「ヒト」，「モノ」，「カネ」，「情報」とさまざまなものを承継させなければなりません。また，事業承継の関係者も多岐にわたり全ての関係者と調整して進めていく必要があるため，長期間が必要となります。そのため，事業承継はすべてを完了するまで10年近くの期間が必要となるといわれています。

　たとえば「後継者」という点だけに着目しても，具体的には次のような調整が必要となってきます。

- 後継者候補の列挙
- 承継方法の選択（親族内承継・親族外承継，M&A）
- 親族内の打ち合わせ
- 後継者の決定
- 後継者の育成

- 従業員への周知
- 金融機関及び取引先への周知
- 現経営者から後継者への代表権の移転

　このように1つの事例でも複雑に絡み合っているため，完了までに長期間が必要になります。したがって，経営者の健康状態が悪くなってからでは，これらの作業をすべて行うことが難しくなってしまうので，早めに事業承継の準備を進めていくことが必要になります。

3　赤字が出たときがチャンス

　事業承継の要である「自社株式」を承継する場合について，どのようなタイミングで承継したらよいかを見ていきます。

　自社株式については，事業が好調である会社ほど評価額が高くなる傾向にあり，評価額が高くなるほど承継コストも連動して高くなります。

　これを逆に考えると，事業が一時的に悪化した場合には自社株式の評価額も一時的に下がり，そのタイミングで自社株式を承継することで承継コストを低く抑えることができます。そのため，たとえば「3年後に機械装置の大規模な修繕が必要だ」と見込んでいたり，「5年後に定年となる人がいて，多額の退職金の支払いが発生する」ことが見込まれていれば，そのタイミングで大きな損失が計上されるため，自社株式を承継することで承継コストを抑えることができます。

　しかしながら，何も承継対策をしていない状態で，「事業で赤字が出たから承継を」と考えて実行に移してしまうような場当たり的な対応をしてしまうと，事業承継について失敗してしまうリスクが高くなってしまうため，留意が必要です。たとえば，まだ後継者が絞り込めていないような状態で，事業で赤字が出たからといって，後継者の候補者である複数人に自社株式を承継させてしまった場合は，自社株式の承継コストは低く抑えることができたとしても，経

営権の塊である自社株式が分散していまい，結果としてその後の事業承継がうまくいかない場合も想定されます。

　事業承継を進めるうえでは，しっかりとしたスケジューリングを行って進めていくことが大切です。そのため，もし3年後に大規模な修繕により大きな損失が見込まれていて，そのタイミングで自社株式の承継を行いたいと見込んでいるのであれば，まずはそれまでに後継者を決定することから始めなければなりません。

1-5 どのように引き継ぐのか

　事業承継においては，企業の「ヒト」，「モノ」，「カネ」，「情報」を後継者に引き継ぐことになりますが，最も重要な承継財産は自社株式になります。自社株式をうまく承継することができれば，事業承継が大きく進展します。

　では，この自社株式を承継するには，どのような方法があるのでしょうか。

　自社株式の承継方法としては，「相続・遺贈」，「生前贈与」，「譲渡」の3つが代表的とされています。そして，どの方法が適しているかは，やはりケースバイケースとなります。また，実際にどの方法を採用するかも，企業のその時々の状況によって大きく左右されます。

　たとえば，経営者が事業を行い，承継はまだまだ先と考えていた矢先に事故や病気で急死されてしまった場合には，たとえ他の方法での承継が有利であったとしても，「相続・遺贈」という方法によらざるを得ません。

　一方で，後継者がまだまだ経験に乏しい場合に自社株式を生前贈与してしまうと，未熟な後継者が実権を握ることで一気に企業をダメにしてしまう場合もあります。

　また，後継者に十分な財産がなく，自社株式の「譲渡」を選択しようにも譲渡代金が用意できず，実際には譲渡できない場合もあります。

　このように，理論上どの方法がもっとも適しているかとは全く別の論点で，実際にどの方法を取れるのか，又はどの方法を取るのが現実的なのか，ということも考えていかなければならないのが，自社株式の承継での難しい点です。

　唯一絶対の答えがあるわけではなく，企業や事業承継を取り巻く関係者の状況の変化とともに刻一刻と「最適解」が変化していくことが事業承継で気をつけなければいけない点です。早めに対策を練ることと，定期的に事業承継対策の見直しを実施し，常に状況に変化がないか点検しておくことが重要になります。

　それには，「相続・遺贈」，「生前贈与」，「譲渡」というそれぞれの方法の特

徴や仕組みを理解することです。1つの方法にこだわる必要もありません。さまざまな要素を検討したうえで，生前贈与，譲渡，相続を上手に組み合わせていくのも自社株式を承継していく方法の1つといえます。

また，贈与，譲渡，相続にはそれぞれ別の税金が関係してきますから，税金のかからないような方法を上手に選択していくことも必要になります。

ここでは，「相続・遺贈」，「生前贈与」，「譲渡」という代表的な承継方法のそれぞれのメリット，デメリットをきちんと把握することに加えて，「種類株式」や「信託」など少し違った観点から事業承継に活用できる方法を見ていきます。

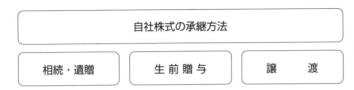

1　相続・遺贈で引き継ぐ

自社株式の承継方法のうち，「相続・遺贈」により引き継ぐ場合を見ていきます。

相続で引き継ぐ場合には，経営者が亡くなったタイミングで経営者が保有する財産が「相続財産」となり，後継者が相続財産の中から自社株式を相続することで承継することになります。

遺贈とは，経営者が「自分が死んだら○○（後継者）に自社株式××株を遺贈する」という遺言を書いたうえで，経営者が亡くなったタイミングで成立します。相続・遺贈には，後継者が受け取った自社株式（その他の財産を含む）に対して相続税がかかります。

この方法のメリットとしては，生前贈与の場合にかかる贈与税に比べて相続税のほうが税負担が軽い点があげられます。贈与税は年間110万円を超える贈与が行われた場合にかかりますが，相続税は，相続のしかたにもよりますが，

原則として〔3,000万円＋600万円×法定相続人数分〕の非課税枠が認められています。

そのため、たとえば自社株式の評価額が3,000万円の場合には、生前贈与の場合には贈与税がかかりますが、相続税の非課税枠内に収まる場合には非課税で後継者に自社株式を移転することができます。このような場合には、相続・遺贈によるメリットがあります。

しかし、この方法では税負担とは別に、「遺留分」について注意しなければならない点があります。

相続における法定相続人（法律上で相続人となる権利がある人）には、相続財産における最低限の取り分が決められています。これが「遺留分」です。

たとえば、父、母、長男、二男の4人家族で父が経営者、長男が後継者となることが予定されている場合に父が亡くなって相続が発生したとします。この時に相続財産は自社株式しかなく、父が遺言で事業承継のために「長男にすべての自社株式を相続させる」旨を記したとすると、相続財産のすべてが長男に相続されることになります。

しかし、母や二男はこの相続財産に対して「遺留分」を持っています。法律によって、母の遺留分は相続財産の1／4、二男も1／8の遺留分を持っています。この分は、母も二男も当然に相続する権利を持っているので、権利を主張すれば母も二男もそれぞれ1／4、1／8の自社株式を相続することができます。

この時、長男が母や二男と仲が悪く、長男が後継者として事業を承継し、経営をしていく中で、事あるごとに「大株主」として母や二男が反対をしてきたとしたら、長男は事業を継続することが難しくなり、結果として事業承継は失敗に終わってしまいます。

そのため、相続・遺贈による場合には「遺留分を侵害するような内容ではないか」や、遺留分を侵害する内容であった場合には「他の法定相続人との関係性から問題が起きる可能性はないか」を事前に検討しておく必要があります。

相続財産のほとんどが自社株式で、そのすべてを長男が承継する場合でも、

母や二男など他の法定相続人がそれを納得していれば問題は生じません。問題が起きるか起きないかは，相続人同士の関係性によりますので，経営者はその見極めや，事前の説明がとても重要になります。

　また，相続・遺贈による際のデメリットをもう1つあげるとすれば，「タイミングを選べない」という点があります。相続・遺贈が発生するのは，経営者が亡くなったタイミングであり，「いつ亡くなるのか」は誰にもわかりません。そのため，後継者に実力があり，早めに事業を承継させたい場合には，スピード感に欠ける方法となってしまうデメリットがあります。

2　生前贈与で引き継ぐ

　「生前贈与」で引き継ぐ場合を見ていきます。

　生前贈与で引き継ぐ場合には，経営者が生きている間に後継者に対して自社株式を贈与することで承継を行います。

　メリットとしては，「タイミングを選べる」ことがあげられます。経営者や後継者にとって最適なタイミングで生前贈与を行うことで，事業承継をスムーズに行うことが可能です。また，自社株式の評価額は企業の利益や損失によって日々刻々と変動していますので，利益を上げていれば自社株式の評価額は高くなりますし，損失を計上すれば評価額は低くなります。

　たとえば，経営者が企業を退職するタイミングで経営者に対して退職金を支払い，企業はそれを経費として計上することで損失を出し，自社株式の評価額を下げたタイミングで後継者に生前贈与するという方法を取ることなども可能となります。

　このようにタイミングが選べるというのは，生前贈与の大きなメリットで，自社株式を贈与税の負担が少ない株数ずつ毎年贈与していき，将来の相続財産を徐々に減らしていくこともできます。自社株式を毎年少しずつ長期間にわたって計画的に贈与をしていくことで相続財産を減らせれば，将来かかるであろう相続税を減らすことができます。

デメリットとしては,「贈与税の負担がある」,「遺留分の問題が生じる」点があげられます。贈与税の負担については,相続税よりも重くなっており,自社株式の評価額が高い場合には,生前贈与に伴って多額の贈与税が生じることもあります。以下に,財産金額ごとの税率一覧を記載していますが,贈与税のほうが相続税よりはるかに負担が多くなっていることを実感していただけると思います。また,相続だけでなく,生前贈与についても「遺留分」の問題は生じます。
　そもそも経営者が保有する財産を誰に贈与しても,それは経営者の自由です。そのため,生前に後継者に自社株式を贈与しても,基本的に他の法定相続人は何の主張もできません。

贈　与　税

基礎控除（110万円）後の課税価格	一　般		20歳以上の者への直系尊属からの贈与	
	税　率	控除額	税　率	控除額
200万円以下	10%	－	10%	－
300万円以下	15%	10万円	15%	10万円
400万円以下	20%	25万円		
600万円以下	30%	65万円	20%	30万円
1,000万円以下	40%	125万円	30%	90万円
1,500万円以下	45%	175万円	40%	190万円
3,000万円以下	50%	250万円	45%	265万円
4,500万円以下	55%	400万円	50%	415万円
4,500万円超			55%	640万円

相 続 税

法定相続人の取得金額		税　率	控 除 額
	1,000万円以下	10%	－
1,000万円超	3,000万円以下	15%	50万円
3,000万円超	5,000万円以下	20%	200万円
5,000万円超	1億円以下	30%	700万円
1億円超	2億円以下	40%	1,700万円
2億円超	3億円以下	45%	2,700万円
3億円超	6億円以下	50%	4,200万円
6億円超		55%	7,200万円

　そうなると，経営者が亡くなる直前にすべての財産を生前贈与してしまった場合は，経営者の相続財産をアテにしていた他の法定相続人の生活基盤が崩れてしまうおそれがあるため，法律によって，贈与してから1年以内に経営者が亡くなった場合には，その生前贈与された財産についても相続財産に含まれ，他の法定相続人は遺留分を主張できることとされています。また，法定相続人への生前贈与は，「特別受益」の問題も生じます。相続人の中に特別に経営者から利益（結婚資金やマイホーム資金の贈与など）を得ていた人は，その分遺産相続時に相続する財産が減らされることになります。

　そのため，相続人間の仲が悪い場合や，後継者の地位について相続人間で争いが生じている場合などは，遺留分についても考慮したうえで，慎重に生前贈与を行う必要があります。

3　株式譲渡で引き継ぐ

　「株式譲渡」による場合には，経営者が後継者に対して自社株式を売り渡すことになります。相続・遺贈や生前贈与は，経営者から後継者が自社株式を無償で承継するのが前提でしたが，譲渡の場合には，経営者が後継者と自社株式の売買を行うことになります。このときに「いくらで売り渡すか」は前述のと

おりで，基本的には「時価」での譲渡が原則です。

メリットとしては，生前贈与と同じく「タイミングを選べる」ことがあげられます。いつ譲渡をするかは，経営者が生きている間で自由に決められます。そのため，生前贈与と同じように自社株式の評価額が下がったタイミングで譲渡を行うなど，税務上有利なタイミングを見極めることが可能です。

また，相続・遺贈や生前贈与では「遺留分」が問題となりましたが，譲渡では原則として経営者が売り渡す自社株式の分だけ対価（現金など）を受け取るので，経営者の財産が不当に減少することはなく，相続財産に影響は与えません。

したがって，譲渡の場合には，原則として遺留分の問題は生じません（著しく低い金額で譲渡をしたような場合を除きます）。

デメリットとしては，自社株式の売り手である経営者に，自社株式の売却益が出た際には税金が課せられる点があげられます。経営者が自社株式を取得した時と比較して，自社株式の価値は企業が利益をあげて成長していくにつれて高くなっていきます。自社株式の価値が上がれば上がるほど，後継者に譲渡をする際の「売却益」も多額になるため，この売却益に対する所得税も多額になります。

また，自社株式の価値が高くなればなるほど，譲渡代金も多額になります。譲渡代金が多額になればなるほど，買い手である後継者が用意するお金も多額になるため，その資金の手当てができるのかを検討する必要があります。金融機関から借り入れる方法もありますが，当然にリスクを負うことになりますし，金利を支払うことになり，余計なコストが発生します。

このように，相続・遺贈，生前贈与，譲渡の３つの方法はそれぞれ一長一短があり，実際にはこれらの方法からどれが適切かを判断して計画的に承継を行っていくことになります。

最後に，この３つの方法のメリット，デメリットを次にまとめておきます。

```
┌─────────────────────────────────────────────────┐
│              自社株式の承継方法                  │
└─────────────────────────────────────────────────┘
```

相続・遺贈	生前贈与	譲　　渡
メリット ・贈与税より少ない税負担	メリット ・タイミングが選べる ・暦年贈与による相続税の節税ができる	メリット ・タイミングが選べる ・遺留分の問題は生じない
デメリット ・タイミングが選べない ・遺留分の問題が生じる ・相続税がかかる	デメリット ・遺留分の問題が生じる ・贈与税がかかる	デメリット ・売り手に所得税がかかる ・買い手に購入資金が必要

4　種類株式を活用する

　ここまでは，事業承継の方法のうち自社株式の承継にフォーカスして，どのような承継方法があるのかを見てきました。そして，相続・遺贈，生前贈与，譲渡の3つのパターンがあることを理解していただきました。ここからは，それら3つの方法と組み合わせて使える「オプション」を2つほど紹介します。

　まずは，「種類株式の活用」です。

　経営者から後継者に事業を承継することは決まっているが，後継者がまだ若く経験に乏しい場合や，現状での暫定的な承継者であって，本当にこの後継者に承継させるかをまだ100％決めかねている場合は，そのような後継者に企業の経営権である自社株式を大量に承継させることは危険を伴います。

　このような場合に使えるのが，「種類株式」です。種類株式とは，通常の「普通株式」の内容を少し変化させたものをいいます。たとえば，普通株式が有している会社の経営権である「議決権」について制限を加えたり，議決権を完全になくしてしまうこともできます。設計次第では，1株ですべての株主総会議案に対して「拒否権」を持つ株式を作ったり，普通株式よりも配当を多く

もらえる株式や，役員の選任権を特別に付与することなどもできます。

　まだ後継者に不安がある場合には，このような種類株式を導入することで，企業の経営の実権は経営者が握ったままにしつつ，後継者に自社株式を承継させることができます。

　また，自社株式が後継者以外にも分散している場合には，将来的に経営者がいなくなった後に後継者と他の株主が揉める可能性もあります。そのような事態を避けるために，後継者以外の株主が持っている自社株式を事前に議決権のない株式に転換しておくことで，他の株主が経営に口を出してくるのを避け，後継者が経営に集中しやすい環境を作る手助けをすることなどもできます。

　代表的な種類株式の一覧とその内容を，次にまとめておきます。

種類株式の名称	内　　容
剰余金の配当についての種類株式	剰余金の配当について，普通株式よりも優先又は劣後する株式
残余財産の分配についての種類株式	残余財産の分配について，普通株式よりも優先又は劣後する株式
議決権制限株式	株主総会において，議決権を行使できない株式
譲渡制限株式	株式の譲渡について承認を要し，自由に譲渡できない株式
取得請求権付株式	株主が企業に対して株式の取得を請求できる株式
取得条項付株式	企業が株主に対して株式の買取を請求できる株式
全部取得条項付株式	株主総会の決議によって，その株式の全部を強制的に取得することができる株式
拒否権付株式	株主総会及び取締役会決議事項について拒否権を有する株式
役員選任権付株式	企業の取締役や監査役の選任・解任についての議決権を有する株式

5 信託を活用する

　種類株式の次は,「信託」です。

　信託とは,その名のとおり「信じて託す」ことです。信託では,「委託者」,「受託者」,「受益者」の3つが登場します。

　委託者は,信託したい財産を受託者に託します（財産の信託）。そして,委託者と契約した信託契約どおりに受益者に対してその財産を届けます。

　簡単な例では,委託者が受託者に預金100万円を信託し,信託契約として「受益者に10年ごとに20万円を渡してほしい」という契約を結んだとします。この場合には,受託者は契約どおり受益者に10年ごとに20万円を5回にわたって支払うことになります。

　このとき,委託者が財産を受託者に信託した時点で,財産の所有権は受託者に移ります。この時点で受託者は,自己の財産と分離して信託財産を管理するため,委託者,受託者のどちらかが破産等をしてしまった場合でも,信託した財産は取り立てを受けることはありません。

　これを自社株式で使うと,次のようなケースが想定されます。

　信託財産を自社株式としたうえで,委託者＝経営者,受託者＝金融機関,受益者＝経営者という信託契約とし,契約内容に経営者が亡くなった場合には自社株式は後継者に交付するという内容を織り込みます。この場合には,自社株式の議決権は,株式の保有者である受託者（金融機関）が持つことになりますが,「議決権指図権」というものを委託者に付与する契約とすることで,委託者（経営者）が自社株式に係る議決権を間接的に行使することが可能です（企業を受託者に乗っ取られる心配がない）。

　また,自社株式は,通常経営者が亡くなったタイミングでは相続財産として遺産分割協議の対象になりますが,信託している場合にはすでに委託者である経営者の財産からは切り離されていますので,遺産分割協議を経ることなく契約どおりに後継者に承継されます。そのため,経営者が亡くなった場合でも,スムーズに自社株式を承継することができます。

また，この場合に，受託者を金融機関ではなく後継者とすることもできます。その際には，委託者＝経営者，受託者＝後継者，受益者＝経営者とすると，後継者は自社株式を信託財産として保有しているため，自社株式を正式に所有することなく，議決権の行使は可能です。まだ後継者に議決権を持たせることは危険だと判断すれば，経営者が「議決権指図権」を持つことにすれば，後継者の暴走を抑えられます。

　ここで，金融機関が受託者になる場合と金融機関以外が受託者になる場合のメリット・デメリットですが，金融機関が受託者であれば信託財産を確実に受益者に届けることが可能です。しかし，個人が受託者の場合には信託財産を「持ち逃げ」されてしまうリスクも0（ゼロ）ではありません。また，親族が受託者の場合などでは，受託者が本当は信託を実行しなければならないタイミングなのに，「忘れていた」ということもあり得ます。

　一方で，金融機関が受託者となる場合には，受益者に確実に信託財産を届けるための報酬として100万円単位の費用がかかります。他の個人が受託者の場合には，その方との交渉次第ですが，比較的に低い金額（親族であれば信託報酬を取らない場合もあります）で引き受けてもらうこともできます。

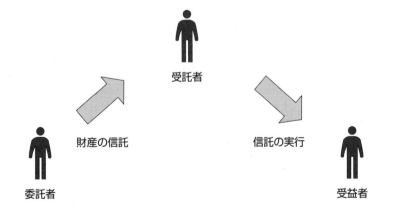

第2章

自社株式の評価額を下げる

2-1 企業価値を下げる基本的な考え方

　事業承継を行う際に引き継ぐモノの要は、会社の経営権の塊である「自社株式」になります。自社株式はさまざまな方法で後継者へ承継させることができますが、事業が好調である会社にあっては自社株式の評価額が高くなる傾向にあります。

　自社株式の評価額が高ければ高いほど会社の価値が高い証明ではありますが、事業承継を考える場合には、自社株式の承継にかかるコストが多額となります。

　後継者がこの承継コストを準備できない場合には、金融機関から借入を行うことや1回に承継する株式を少なくして1回当たりの承継コストを少なくしたり、自社株式の承継者を複数人にすることも考えなくてはなりません。

　このような留意点を少しでも緩和させる方法として、自社株式の評価額を下げることができれば、承継コストを大幅に節約することができます。

　自社株式の評価額は、次の算式で算出されます。

> 自社株式の評価額＝株価×株式数

　この算式は誰もが当然に知っている算式ですが、非常に重要な概念で、評価額を下げることを考える際には「株価」を下げる話なのか、「株式数」を減らす話であるかを理解することが重要となります。また、自社株式の評価は、原則として「純資産価額方式」による評価方法又は「類似業種比準価額方式」による評価方法、あるいはその両者の折衷法により評価され、例外的に「配当還元方式」によることとなります。

　一般的には、「純資産価額方式」による評価額が最も高く、「類似業種比準価額方式」、「配当還元方式」の順番で評価額が低くなっていきます。そのため、評価額の低い「配当還元方式」、「類似業種比準価額方式」による評価で承継できる割合を大きくすることが、自社株式の評価を下げるポイントとなります。

　「配当還元方式」による評価方法を採用できる場合とは、自社株式を取得す

る者が少数株主である場合や同族株主以外である場合など，議決権の行使などを通じて会社を支配することが目的ではなく，配当金などの受け取りなどを目的とするような場合です。そのため，経営者の保有している株式を従業員持株会に対して売却する場合には，「配当還元方式」による評価方法で計算した価額で株式を承継することができます。

原則的評価である「類似業種比準価額方式」による評価方法と「純資産価額方式」による評価方法，あるいはその両者の折衷法については，会社を支配している同族株主などに対して自社株式を承継する場合に用いられる評価方法です。

また，「類似業種比準価額方式」は同業の上場会社の平均株価などを基に評価する方法であるため，会社の規模が上場会社と近づくほど「類似業種比準価額方式」による割合が大きくなり，逆に上場会社と比べて規模の小さい会社になるほど「純資産価額方式」による割合が大きくなります。

以上により，自社株式の評価額を下げるためには，会社の規模を大きくして「類似業種比準価額方式」による割合を大きくする必要がありますが，会社の規模を大きくするのは簡単ではありませんので，自社株式の評価方法を下げるためには，各計算方法を理解し，評価を下げられる要素がないか1つずつ確認していくことが重要となります。

1　純資産価額を低くする

「純資産価額方式」は，会社の資産の額から負債の額を控除した純資産を基に計算した評価方法です。つまり，会社の清算価値の観点から評価する方法といえます。

具体的な評価方法は，次のとおりです。

```
純資産価額 ＝ 資産の額 － 負債の額 － 評価差額に対する法人税等相当額
            （相続税評価額）（相続税評価額）
```

純資産額方式による計算は，会社の資産及び負債を相続税評価額に評価替えを行い計算する方法ですので，純資産価額方式による評価額を低くするには，(1)資産の額の評価を低くするか，(2)負債の額の評価を高くすることが考えられます。

(1) **資産の額の評価**

　会社の課税時期における主な資産の相続税評価額は次のように計算し，これらの相続税評価額が低くなるほど純資産価額も低くなります。

勘定科目	評価方法・相続税評価額
預　貯　金	課税時期の預金残高に，評価時点において解約するとした場合の既経過利子の額（源泉税差引後）の価額の合計額により評価をします。
有　価　証　券	上場株式等については，課税時期の最終価額，課税時期の属する月以前3か月の毎月の最終価額の平均額のうち，最も低い金額を基に評価を行います。 上場株式等以外については，純資産価額方式，類似業種比準価額方式又は配当還元方式によって評価します。
貸　付　金　等	貸付金，売掛金，未収入金などについては，返済されるべき金額で評価を行い，利息を収受すべきものは既経過利息の価額の合計額により評価をします。
建　　　物	固定資産税評価額により評価を行い，貸家など利用に一定の制限がある場合には，制限部分を考慮して計算します。
土　　　地	路線価方式や倍率方式を基として，各地目ごとに定められた方法により評価を行い，利用に一定の制限がある場合には，制限部分を考慮して計算します。
繰　延　資　産	財産性がないため，評価額は0（ゼロ）となります。

(2) **負債の額の評価**

　会社の貸借対照表上に計上している負債の額は，金額が確定しているものが多くあるため，多くの場合，負債の額の相続税評価額は帳簿価額と一致します。
　そのため，相続税評価額によって評価する必要がある負債は，次のようなも

のがあげられます。

勘定科目	評価方法・相続税評価額
引当金等	原則として，引当金については，不確定要素の強い負債科目となるため，評価額は0（ゼロ）となります。
未納の固定資産税等	課税時期以前に賦課期日が到来している固定資産税等のうち，課税時期において未払であるものについては，負債の額に算入します。
未払配当金	株主総会等の日の後に課税時期が到来していて配当が未払である場合には，負債の額に算入します。

2　類似業種比準価額を下げる

　類似業種比準価額方式による評価は，同業他社の株価の平均値に一定の調整計算を加えて計算する方法で，配当・利益・純資産の3つの要素を基にして評価を行います。

　具体的には，次の算式で類似業種比準価額の計算がされます。

$$\text{類似業種比準価額} = \text{類似業種の株価} \times \frac{\dfrac{\text{評価会社の配当額}}{\text{類似業種の配当額}} + \dfrac{\text{評価会社の利益額}}{\text{類似業種の利益額}} + \dfrac{\text{評価会社の純資産価額}}{\text{類似業種の純資産価額}}}{3} \times \text{会社規模ごとの割合}$$

　類似業種比準価額は，この算式より，(1)類似業種の株価，(2)配当の額，(3)利益の額，(4)純資産の額によって変動することになり，これらが低い場合が株価を下げるチャンスとなります。

(1)　類似業種の株価

　類似業種の株価は，上場している同業他社の株価のことをいいますので，業界全体の景気が悪い場合などは株価が下がることになります。

　このようなときには，評価会社も業績がよくない場合が多いため，配当を行

うことができない場合や赤字である場合が多く，各要素ごとの金額も低くなるケースが多いです。

(2) 配当の額

　配当の額を計算する際には，経常的な配当のみが対象となり，特別配当や記念配当などの非経常的な配当は除かれます。

　そのため，配当の額を低くするには，1株当たり配当額を0円に近づけることが必要となります。なお，全く配当を行わない場合にも自社株式の評価が低くなりますが，配当・利益・純資産の3つの要素のうち，2つ以上がゼロ（又はマイナス）だと類似業種比準価額方式の適用が認められず，一般的に高い評価であるといわれている純資産価額方式によって評価しなければならなくなるため，注意が必要です。

(3) 利益の額

　類似業種比準価額方式の計算で使う利益は，税務上の課税所得から非経常的な利益金額を控除した額をいいます。

　そのため，利益の額を低くするには，後述する退職金や保険などを活用することが考えられます。

(4) 純資産の額

　「純資産価額方式」によって評価した純資産については，会社の資産及び負債を相続税評価額に評価替えしたもの基に評価しますが，「類似業種比準価額方式」の計算の基礎となる純資産の額は，法人税法上の資本金等の額と利益積立金の額の合計を指します。

　そのため，純資産の額を低くするには，(3)の場合と同じような対策を行ったり，組織再編等により利益積立金の額を低くするなどの対策が考えられます。

3　資産評価を下げる

　純資産価額方式では，会社の資産及び負債を相続税評価額に評価替えして評価を行います。

　負債については確定した債務が相続税評価額となりますが，これは帳簿価額と同額となることがほとんどです。そのため，資産の評価額を下げることが純資産価額方式の評価方法を下げることにつながり，自社株式の評価を下げることにつながります。

　資産の評価を下げるには，以下のような方法が考えられます。

(1)　遊休状態の土地にアパートを建てる

　会社が所有していて遊休状態になっている土地は，いつでも何の制限もなく利用できますが，土地の上にアパートを建築し，他人に賃貸することでその土地の利用について一定の制限を受けます。そうなると，遊休状態と比べて土地の評価額を下げることができ，株式の評価額を下げることができます。

　手許現金を使い，アパートを建築すると現金が建物へ変化します。建物は固定資産税評価額で評価をしますが，一般的に建物の固定資産税評価額はアパートの建設資金よりも低くなるため，建物部分についても評価額を下げることができますし，アパートを人に貸すことによってさらに評価額が低くなります。

　さらに，建築した建物は，減価償却をして利益を圧縮することができるため，損失を出すことで株価を下げることもできます。

(2)　解約返礼率の低い保険に加入する

　会社で保険に加入している場合は，その保険は，評価時点において解約したとすると会社に戻ってくる額，すなわち解約返戻金相当額で評価することになります。したがって，支払った保険料よりもその時の解約返戻金が少なければ，資産の圧縮を図ることができますので，加入当初に解約返礼率が低い保険に加入すると，資産の評価額を圧縮することができ，株価を引き下げることができ

ます。

　資産の評価額が圧縮され，自社株式の評価額が低くなった時にタイミングよく自社株式を承継し，承継後保険の返礼率が高くなったタイミングで解約することによって保険加入に伴うメリットを活用できます。

4　会社に損失を計上する

　純資産価額方式による評価も類似業種比準価額方式による評価も会社の純資産や利益の金額をもとに計算します。

　事業が好調で毎期利益が出ている会社においては，純資産価額方式による評価も類似業種比準価額方式による評価も毎期上がり続け，株価が上昇し，結果として自社株式承継時のコストが高くなってしまいます。

　そのような場合にも，退職金の支給に伴う損失や保険への加入，回収不可能となった売掛金に対する貸倒損失など，大きな損失を計上することで利益や純資産が圧縮されます。そのため，株価が一時的に下がり，自社株式の承継コストが低くなるため，後継者へ自社株式を承継させるチャンスとなります。

　退職金の支給などについては，留意すべき点もありますので後述します。

2-2 退職金を利用する

1 退職金を使った株価引き下げの仕組み

　自社株式の評価を下げる手法の1つに「退職金」があります。ここでいう「退職金」とは，従業員の退職金ではなく，経営者の退職金（役員退職金）です。

　中小企業の経営者の方々は，「サラリーマンは退職金があるから老後の生活も安心だ」，「自分たちは退職なんてないから一生現役を続けるしかない」というお話をよくされます。

　実は，中小企業の経営者であっても，退職金を受け取ってよいのです。「中小企業だから」というのは関係なく，経営者が後継者に事業承継をし，ご自身が退職する際には退職金を受け取ることができますし，事業承継上，むしろ退職金を受け取ったほうが承継がスムーズにいくことが多いです。

　それは，前述のように企業に損失を計上することで，自社株式の評価額を下げる手法が使えるからです。ここでは，役員退職金を使った自社株式の株価引き下げの仕組みを見ていきます。

　まず，役員退職金は法人税法上，支給した金額を損金つまり法人の経費として計上することができます（ただし，退職する役員の法人への貢献度などから金額的に過大と判断される部分は損金とはなりません）。経営者の退職時に役員退職金を支給した場合は，適正な金額の範囲内であれば支給した金額が法人の損金として計上されます。

　多くの場合，長い間事業に貢献してきた経営者の役員退職金は多額になりますので，役員退職金を支払うことで，法人は大きな損失を計上できます。法人の純資産額は，損失を計上することでその分が減少します。

　これにより，純資産価額方式で計算される株価も一緒に下がることになります。また，類似業種比準価額方式においても，株価を決定する3要素である利

益，純資産，配当のうち，利益と純資産が減少しますので，類似業種比準価額方式で計算される株価も下がることになります。

【役員退職金の支給による株価引き下げのイメージ】

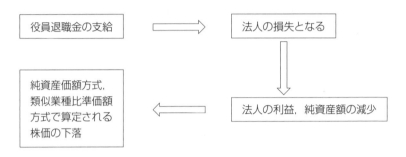

また，経営者が生前に受け取る役員退職金については，受け取った経営者の退職所得となり所得税が課せられますが，退職所得の所得税の計算はとても優遇されており，所得税の負担を軽減しつつ自社株式の株価引き下げができます。

【退職所得の計算方法】
退職所得の金額＝（退職金額－Ⓐ退職所得控除額）×１／２※
⇒ 退職金から以下の表で計算する退職所得控除額を差し引いたうえで１／２をかけた金額が退職所得となる。
※ 役員としての勤務期間が５年に満たない場合には１／２計算の適用はない。
Ⓐ 退職所得控除額

勤続年数(a)	退職所得控除額
20年以下	40万円×a（80万円に満たない場合には，80万円）
20年超	800万円＋70万円×（a－20年）

2 退職金はいくらまで支払えるか

役員退職金を使った株価引き下げの考え方は前述のとおりですが，では役員退職金はいくらまで支払えるものなのでしょうか。この問に対しては，「いく

らでも支払える」が答えになります。

　役員退職金は，株主総会や取締役会の決定次第でいくらでも支給することができます。しかし，過大な役員退職金は，法人税法上は法人の経費（損金）とすることができない旨の規定があります。基本的に役員退職金は，いくら支給しようが各法人の自由とされていますが，法人税法上，役員退職金を経費（損金）にできる金額には上限があります。

　また，ここが役員退職金の金額を決めるうえでの最大のリスクとなる点ですが，この法人税法上でいくらまで役員報酬を経費（損金）にできるかということは，一切明文化されていません。そのため，役員退職金を支給した後に税務調査が入り，役員退職金が過大だと指摘される可能性があります。

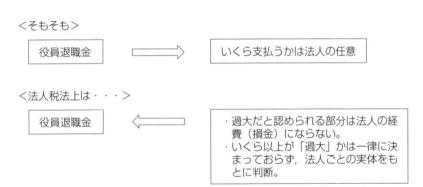

　では，税務調査などで「過大」だと指摘を受けないためには，どうしたらよいのでしょうか。ここでは，役員退職金額の計算根拠を明確に決めておくことが重要になります。

　役員退職金は通常，次の算式で計算するのが一般的です。

【役員退職金の代表的な計算式】
　退職時の月額役員報酬×役員在任期間×功績倍率

　たとえば，退職時の月額役員報酬が100万円，役員在任期間が20年，功績倍率が2.5倍であれば，100万円×20年×2.5＝5,000万円が役員退職金の額となり

ます。

　功績倍率は、1倍～3倍の間で役員の役職ごとに決めておくのが一般的です（代表取締役2.7倍、専務取締役2.5倍、取締役2.3倍など）。過去に3倍を超える倍率で計算した役員退職金を支給したケースでは税務当局から「過大」だと指摘されるケースが目立っており、「功績倍率は3倍以内」が定着したのですが、近年では3倍以下でも税務当局から指摘を受けるケースが少なくありません。そのため、金額についてはさまざまな目で見て、妥当な金額かという目で検討することも必要です。

　退職時の月額役員報酬が極端に高い場合には、役員退職金額もかなり高額になりますが、法人の利益や財産の額から見て妥当か、また退職する役員のこれまでの功績から判断して妥当な金額か、さらに社会通念上も妥当なものか、という点から判断することが大切ですし、税務当局にもこの点を明確に説明できるようにしておく必要があります。金額が金額だけに、顧問税理士と相談して最終的な判断を行うようにしてください。

3　役員退職金支給時のポイント（議事録、タイミング）

　役員退職金額の決定方法は前述のとおりですが、役員退職金についてはまだまだ留意しなければならない点があります。税務調査で指摘を受けることのないように、ここではその他の点を見ていきます。

　役員退職金を考える際に最も重要な点は、支給金額、支給時の意思決定、支給のタイミングなどについて、それぞれ「客観的に見て妥当か」という点です。

　たとえば、支給金額は、一般的に「退職時の月額役員報酬×役員在任期間×功績倍率」の算式で算定することになります。支給金額を増やすために退職直前の月額役員報酬をいきなり高くしたような場合は、客観的に見たら役員退職金を意図的に吊り上げようとする意図が見え、妥当とはいえない可能性が高まります。

　また、取締役会や株主総会といったしかるべき意思決定機関があるにもかか

わらず，そのような意思決定機関での意思決定ではなく，退任する役員の一存で退職金の支給を決めてしまった場合も，法人としての意思決定のない支給ということで，客観的に見れば妥当ではないでしょう。特に，役員退職金は税務当局から否認をされれば法人の経費（損金）にすることができないので，法人としての意思決定に基づき支給しているのかという観点も重要になります。

　取締役会や株主総会で役員退職金の支給を決定した場合には，その内容を議事録に残し，適切に押印をして保管をしておくことが大切です。税務調査があれば必ずこの議事録の存在を聞かれますので，きちんと作成をして保管をしておきましょう。

　支給のタイミングについても考慮が必要です。役員退職金の支給のタイミングは，当然ですが役員が退職したときになります。

　しかし，中小企業の場合は，この退職という概念があいまいになっていることがよくあります。

　たとえば，代表取締役だったA氏が息子であるB氏に代表取締役の座を譲り，一線を退くような場合に，A氏が退職後も毎日会社に来て，B氏のサポートとしてさまざまな指示をしたり，代表取締役時代から多少の減額はあるものの，ほとんど変わらない報酬を受け取っているような場合には，実質的に退職したとはいえません。

　「退職」という事実が発生しているかどうかが，大事なポイントになってきます。退職前と退職後で実質的に変化がない場合には，A氏に支給した退職金は，退職金ではなく通常の報酬に該当すると，税務当局から指摘を受ける可能性があります。

　退職金であれば所得税が大幅に軽減されますが，通常の報酬と判断されてしまえば，金額によっては最高税率での課税も大いに考えられます。そうなっては，多額の納税を強いられることとなり，事業承継自体も失敗に終わってしまう可能性もあることから，役員退職金は経営者が実質的に退職した際に支給をするようにしましょう。

【役員退職金支給時の重要ポイント】

(1) 適切な金額であること
　⇒　役員退職金規程に則って計算されたもので，退職する役員のそれまでの功績や社会通念から見ても妥当な金額であること。
(2) 会社としての意思決定であること
　⇒　取締役会や株主総会の決議を経て支給しているか。また，その議事録は適切に作成されているか。
(3) 形だけの退職ではないこと
　⇒　実質的に退職したという事実が必要。会社での役割や報酬，出勤回数などから判断して実質的に退職しているか。

4　死亡退職金の活用

　これまで，役員退職金支給時のポイントを見てきました。その中で，役員退職金支給のタイミングについては，役員が「実質的に退職したとき」が支給のタイミングとなりますが，中小企業では，実質的な経営者の退職は，経営者が亡くなったときというケースも多くあります。

　高齢の経営者が実質的に退職することなく，亡くなるまで現役で仕事をされていた場合や，若手の経営者がまだまだ現役で会社を引っ張っている状況の中，事故や病気で急死されてしまった場合などがこれに該当します。

　後者の経営者が何らかの理由で急死されてしまった場合は別ですが，高齢の経営者が，亡くなるまで社長を続けるか，亡くなる前に退職をして後継者に引き継ぐかで悩まれている方も多いのではないでしょうか。

　実際に生前に退職して後継者に道を譲るか，亡くなる時まで一線で現役を続けるかは，得意先との関係や，経営者が亡くなられた後の会社の状況なども見越したうえで決定することになりますが，退職金にかかる税金という面だけを取ってみると，経営者が亡くなるまで一線で現役を続けられたほうが有利にな

ります。

【経営者が亡くなる前に退職して退職金を支給する場合】

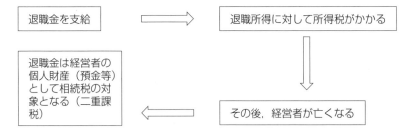

【経営者が亡くなったあとに死亡退職金を支給する場合】

(1) 経営者が亡くなる前に退職して退職金を支給する場合

　経営者が亡くなる前に退職して退職金を支給する場合は，まず支給した退職金に対して所得税が課されます。また，その退職金はそのまま経営者の個人財産となりますので，そのまま経営者が亡くなれば相続財産となり，相続税が課されることになります。すなわち，生前に支給した退職金に対して所得税と相続税の二重課税が生じてしまうわけです。

(2) 経営者が亡くなったあとに死亡退職金を支給する場合

　経営者が亡くなってから3年以内に遺族等に死亡退職金を支給する場合には，所得税は課せられず，相続税のみが対象になります。つまり，(1)のような二重課税は生じません。
　また，死亡退職金には相続税法上の特段の定めがあり，相続税についても非課税枠が設けられています（詳細は次ページ以降）。税金の面だけを取れば，経営者が亡くなるまで現役のほうがメリットがあります。

5 死亡退職金には相続税がかからない

役員の死亡退職金について，その性質と税制上の扱いを見ていきます。

(1) 死亡退職金の支給先及び支給時期

死亡退職金は，経営者が亡くなったあとに遺族に対して支給されるのが一般的ですが，遺族のうち誰に支給するかは「役員退職金規程」に定めておく必要があります。また，支給時期については，経営者が亡くなった後3年以内に支給する場合には受け取った遺族に対して所得税が課せられないことから，経営者が亡くなった後3年以内に支払いましょう。

【役員退職金規程の例】

（退職金の支給先）

死亡した役員に対する退職慰労金は遺族に支給する。遺族とは，配偶者を第1順位とし，配偶者のない場合には，子，父母，孫，祖父母，兄弟姉妹の順位とする。

(2) 死亡退職金の性質

経営者の死亡退職金は，「役員退職金規程」に記載された遺族に支給されます。この役員退職金は，そもそも受け取った遺族の財産であり，亡くなった経営者の財産ではないため，経営者が亡くなったときに有していた相続財産には該当しません。

しかし，相続税法上は相続財産ではないものの，経営者の死亡に起因した財産として相続税の対象になります。このような財産を「みなし相続財産」といいます。

(3) 死亡退職金への課税

(2)で述べたとおり，経営者が亡くなってから3年以内に支給される死亡退職

金は，受け取った遺族の方々に所得税はかかりません。

また，相続税については，次の非課税枠が設けられています。

> 死亡退職金の非課税枠＝500万円×法定相続人の数

したがって，経営者の妻，長男，次男の3名に対して1,500万円の死亡退職金を支給した場合には，相続税はかかりません。仮に2,000万円の死亡退職金を支給した場合には，500万円（＝2,000万円－1,500万円）に対して相続税がかかります。

(4) 死亡退職金と合わせて支給する「弔慰金」等の扱い

経営者の死亡退職金と合わせて「弔慰金」を支払う場合もあります。この弔慰金は，原則相続税は非課税とされています。花輪代，葬祭料なども同様です。これは，社会通念上相続税を課すのが憚られるための規定ですが，次の金額を超える場合には超えた分が相続税の対象となりますので注意しましょう。

> 【相続税の課税対象となる弔慰金等】
> 業務内の死亡の場合：死亡時の給与の3年分を超える額
> 業務外の死亡の場合：死亡時の給与の半年分を超える額

死亡退職金，弔慰金を合わせて支給することで，自社株式の評価額を下げることも可能なため，これらをうまく活用することが重要となります。

2-3 生命保険を活用する

1 生命保険を使った株価引き下げの仕組み

　自社株式の評価額を下げる方法の2つ目は,「生命保険」を活用した方法です。

　生命保険は,経営者や従業員が亡くなってしまった時の保障として活用するだけでなく,経営者の退職金の原資とするなどさまざまな活用法があります。ここでは,自社株式の評価額を下げる仕組みを見ていきます。

　生命保険を活用し自社株式の評価額を下げる方法には,次のような方法があります。

(1) 保険料という損失を計上することで,利益及び純資産を圧縮し評価額を下げる方法
(2) 保険料を支払うことで,会社の純資産価額を下げる方法

(1) 保険料という損失を計上することで,利益及び純資産を圧縮し評価額を下げる方法

　生命保険に加入することで,保険料の支払いが生じることとなります。そして保険料は,全部又は一部が法人税法上損金の額に算入されることで,利益が圧縮されるとともに純資産も圧縮されます。

　「利益」,「純資産」は,自社株式の評価方法である「類似業種比準価額方式」の比準要素となっており,比準要素が圧縮されることによって自社株式の評価額を引き下げることができます。また,「純資産」が圧縮されることで,「純資産価額方式」による評価額も引き下げることができます。

(2) 保険料を支払うことで、会社の純資産価額を下げる方法

保険の契約内容によっては、解約時に解約返戻金を受け取ることのできる保険があります。このような保険は、評価時点において解約したとすると会社に戻ってくる額、すなわち解約返戻金相当額で評価することとなります。そのため、支払った保険料よりもその時の解約返戻金が少なければ、資産の圧縮を図ることができ、会社の純資産価額を引き下げることができます。

一般的に、保険に加入してから数年間は支払った保険料より解約返戻金が低いことが多いため、資産の評価額を下げることができ自社株式の評価額を下げることが可能です。この場合の数値例は、後述します。

なお、各評価方法の株価の引き下げのイメージは、次のとおりになります。

【株価引き下げのイメージ】

・類似業種比準価額方式

$$類似業種比準価額↓ = 類似業種の株価 × \frac{\frac{評価会社の配当額}{類似業種の配当額} + \frac{評価会社の利益額↓}{類似業種の利益額} + \frac{評価会社の純資産価額↓}{類似業種の純資産価額}}{3} × 会社規模ごとの割合$$

・純資産価額方式

$$純資産価額↓ = 資産の額（相続税評価額）↓ - 負債の額（相続税評価額) - 評価差額に対する法人税等相当額$$

2　生命保険を使った株価対策事例(1)

保険にはさまざまな種類の保険があり、加入する保険によって株価に対する活用方法が異なるため、保険の種類ごとに見ていきます。

自社株式の評価額を下げることのできる保険には、次のようなものがあります。

(1) 役員や従業員に対する保障を目的とした定期保険

　定期保険は，満期返戻金や配当金がないことから，いわゆる掛け捨て保険といわれています。支払った保険料は，支払時に損金の額に算入されることによって，自社株式の評価額を下げることができます。

(2) 役員や従業員に対する退職金の支給を目的とした逓増定期保険

　逓増定期保険は，保険金額が契約当初の金額から増加する定期保険です。保険期間が長期にわたることや，保険解約時において解約返戻金があることから，法人税法上，支払った保険料について支払時に全額を損金処理することができません。具体的には，支払った保険料の１／２を損金とするか，１／３を損金とするか，１／４を損金とするかが保険期間等によって異なってきます。しかしながら，損金となる部分は利益や純資産を圧縮することで自社株式の評価を下げることができ，資産計上される部分は解約返戻金と比較して解約返戻金より低い場合には評価額を下げることができます。

(3) 従業員の福利厚生を目的とした養老保険

　養老保険は，貯蓄性の生命保険であり，一定期間保障され満期時には死亡保険金と同額の保険金が支払われる，従業員の福利厚生を目的とした保険です。

　養老保険は，一定の要件を満たすことで支払った保険料の１／２を損金とすることができるため，自社株式の評価額を下げることができます。また，損金の額に計上されず資産計上される部分は，解約返戻金と比較して解約返戻金より低い場合には評価額を下げることができます。

【養老保険の取り扱い】

保険金受取人		保険料の処理
死亡保険金	生存保険金	
会　社	会　社	支払った保険料の全額を資産計上
役員や従業員の遺族	会　社	支払った保険料の１／２を資産計上 支払った保険料の１／２を損金計上

3 生命保険を使った株価対策事例(2)

解約時に解約返戻金を受け取ることのできる保険に加入した場合について，具体的な数字を用いて説明します。解約返戻金のある保険は，評価時点において解約したとすると会社に戻ってくる額，すなわち解約返戻金相当額で評価することとなります。

そのため，支払った保険料よりもその時の解約返戻金が少ないときに承継することで，自社株式の承継コストを低くすることが可能となります。

毎年の保険料が2,000万円である場合に，加入してから一定の時期までは解約返戻金の額が低い保険に加入した場合には，次のような効果があります。

	保険料	保険料累計 ①	解約返戻率 ②	解約返戻金 ③=①×②	減額効果 ④=③－①
1年目	20,000,000	20,000,000	1.00%	200,000	△19,800,000
2年目	20,000,000	40,000,000	3.00%	1,200,000	△38,800,000
3年目	20,000,000	60,000,000	5.00%	3,000,000	△57,000,000
4年目	20,000,000	80,000,000	10.00%	8,000,000	△72,000,000
5年目	20,000,000	100,000,000	100.00%	100,000,000	0
6年目	20,000,000	120,000,000	105.00%	126,000,000	6,000,000
7年目	⋮	⋮	⋮	⋮	⋮

1年目の解約返戻金は200,000円であるため，上表のような保険に加入し保険料2,000万円を支払うことで評価額が19,800,000円下がり，自社株式の評価額も下げることができます。

2年目～4年目についても，支払った保険料の合計額より解約返戻金の額が少ないため，自社株式の評価額の減額効果があり，このタイミングで自社株式を承継することで，承継コストを低く抑えることができます。

しかしながら，5年目以降は解約返戻率が100％以上となるため，支払った保険料の合計額より解約返戻金が大きくなります。そうなると，自社株式の評

価額が高くなるため，結果として承継コストが高くなってしまいます。

このように生命保険を活用したとしても，必ずしも承継コストを低くすることができるわけではなく，自社株式の承継のタイミングを間違えてしまうと承継コストが高くなってしまう可能性が生じます。そのため，適切な時期に適切な分だけ承継させることができるように早い時期から準備を行い，対策を検討していくことが必要です。

このケースでは，自社株式の評価額が低くなっている4年目までに自社株式を後継者へ承継し，5年目以降において解約返戻率が最も高くなった時点で保険を解約することで，保険加入に伴うメリットが活用できます。

4 相続対策では個人でも保険に入る

生命保険を活用することは，事業承継だけでなく，相続が発生した際にも非常に有効です。

経営者に相続が発生した場合には，相続開始時点において経営者が所有していた相続財産に対して，相続税が課せられます。

このとき，経営者が後継者である親族を受取人とする保険に加入していた場合には，後継者は相続が発生したことで死亡保険金をもらうことができます。この死亡保険金は，経営者が相続発生日において所有していた財産ではありませんが，相続発生に起因してもらった財産とみなされて相続財産に含まれることとなり，相続税が課税されます。しかしながら，この死亡保険金には非課税枠があるため，保険金の額の全額が課税されるわけではありません。

死亡保険金の非課税枠は，次のように計算されます。

> 死亡保険金の非課税枠＝500万円×法定相続人の数

そのため，法定相続人が3人いる場合に，①1,500万円の保険に加入した場合と②保険に加入せず現金で1,500万円を持っていた場合では，相続財産の額が次のようになります。よって，相続税は，①のほうが②に比べて低くなりま

す。
① 1,500万円の保険に加入した場合
死亡保険金の額1,500万円－非課税枠1,500万円（500万円×3人）
＝相続財産0円
② 保険に加入せず現金で1,500万円持っていた場合
現金1,500万円－非課税枠0円＝相続財産1,500万円

　また，死亡保険金は誰に相続させるか指定することができ，かつ，原則として遺留分減殺請求の対象にもなりません。たとえば，経営者の所有財産が自社株式のみである場合に，後継者である長男がすべての自社株式を相続する場合には，二男に不満が生じ遺留分減殺請求を受ける可能性があります。そうすると，長男は二男に対し遺留分に見合うだけの財産を渡さなければなりません。

　そのため，このとき遺留分に見合うだけの現金などが準備できない場合は，相続によって承継した自社株式を渡さなければならず，事業承継がうまくいかなくなってしまう可能性が生じます。

　このような場合には，死亡保険金の受取人を長男にしておくことで，長男は死亡保険金によって得た現金を次男に渡すことができるため，自社株式を分散させることなく承継ができます。

　さらに，経営者の財産が自社株式のみである場合は，納税資金が確保できず，自社株式を売却することで納税資金を確保しなければいけない可能性も生じてきます。

　そうなると，相続税は納税できたとしても，自社株式が後継者へ集約されず，事業承継がうまくいかなくなってしまいます。

　そのため，生命保険に加入しておくことで，相続が発生した際に現金を確保できますので，滞りなく相続税の納税が行えます。

第3章

不動産を使って株価を下げる

3-1 遊休土地にアパートを建てる

1 アパートを建てて株価を下げる

　この章では，不動産を使って自社株式の株価を下げる手法をいくつか紹介します。まずは，遊休土地にアパートを建てる手法です。

　自社株式の株価を下げる方法を検討する際には，最初に法人の持っている資産の洗い出しをします。その中に使用していない土地があるような場合には，アパートを建てて貸し出すことで自社株式の株価を下げることができます。自社株式の評価は，「純資産価額方式」や「類似業種比準価額方式」で行われますが，いずれにせよ，法人の純資産が多ければ多いほど株価は高くなります。

　土地は，原則として「路線価」で評価されます。路線価とは，国が道路に付けた価格のことで，国税庁から毎年7月に公表されます。

　遊休土地は，経営者の頭の片隅にはあっても普段はあまり意識していないものですが，路線価で評価をしてみると，予想外に高い評価になってしまうことがあります。使っていなかったり，売ろうとしても買い手が見つかりにくい土地の存在が，自社株式の株価の計算上は高い評価になってしまうのは不本意なもので，そのような際には遊休土地の評価を下げるための手法を検討することになります。

　その手法の1つが，遊休土地へのアパート建築です。なぜ遊休土地にアパートを建てると評価額が下がるのかは後述することにして，ここでは土地はどのように評価されるのかを見ていきます。

　前述のとおり，土地は路線価で評価されます。

　土地が隣接する道路ごとに路線価が設定されており，土地の評価額はその路線価と面積によって計算がされます。詳細な計算は，土地の形状や間口の広さなどによっても異なりますが，イメージとしては次に示した図のとおりです。

　細かな計算は無視して，単純な例を示します。まず，土地が隣接している道

路の路線価を確認します。この土地は，路線価200,000円の道路に隣接しています。路線価は，常に1㎡当たりの金額になります。そして，この土地の面積は，100㎡です。そのため，この土地の評価額は，路線価200,000円×面積100㎡＝20,000,000円となります。

実際には，間口の広さや奥行きに応じて多少の調整計算が入りますし，土地の形状がいびつであればその分減額となるような調整を入れますが，基本的な計算は〔路線価×面積〕になることを確認しましょう。

```
路線価　200,000円

          100㎡
    ⇒ 路線価200,000円×100㎡
       ＝20,000,000円
```

2　土地にアパートを建てるとなぜ株価が下がるのか

土地にアパートを建てるとなぜ株価が下がるのかを見ていきます。遊休土地にアパートを建てると，法人の現金預金が建物に変わります。

現金預金　5,000万円 建物　5,000万円

現金預金のまま持っていれば，残高がそのまま評価額になりますが，建物は固定資産税評価額で評価されます。固定資産税評価額は一般的に購入金額の70％程度といわれていますので，この時点で資産を30％程度圧縮できたことに

なります。

| 購入金額 建物　5,000万円 | → 30%圧縮 | 固定資産税評価額 建物　3,500万円 |

　さらに，この建物はアパートですので，第三者に貸し出されることになります。第三者に貸し出されている場合は，その建物は自分のもののように扱うことはできなくなります。アパートの入居者をいきなり追い出したり，入居者がいないときにその部屋をオーナーが使用することなどはもちろんできません。

　反対に，アパートの入居者はその建物は自分のものではないですが，借りている間は自由に使用することができます（この権利を「借家権」といいます）。

　アパートのオーナーは，この借家権の分，その建物を自由に使えないという点で建物の価値が毀損しますので，アパートの建物としての評価額はこの分も減額できることになります。

| 固定資産税評価額 建物　3,500万円 | → 借家権30% | 借家権を除いた評価額 建物　2,450万円 (3,500万円×70%) |

　また，土地についてもアパートを建てることで減額が可能です。理屈は建物と同様で，基本的に土地は路線価で評価がされますが，アパートを建てて他人に貸し出した場合にはその土地は自由に使うことができなくなりますので，その分の評価額を減額できることになります（この土地を「貸家建付地」といいます）。

　所有者が自由に使用できる「自用地」に比べて，「貸家建付地」は所有者の使用に制限がかかるため，その分の評価額が低くなります。

　貸家建付地の評価方法は，次のとおりとなっています。

貸家建付地の価額＝自用地とした場合の価額－自用地とした場合の価額
　　　　　　　　×借地権割合×借家権割合

たとえば，自用地としての評価額が1億円，借地権割合が70%，借家権割合が30%の場合，土地の評価額は「1億円－1億円×70%×30%＝7,900万円」となり，2,100万円分の土地の評価額を下げることができます。

このように，遊休土地（自用地）にアパートを建てて貸し出すことで，建物と土地の両方の金額を圧縮することができますし，遊休土地のままでは1円のキャッシュも生まない状態だったものを家賃収入を生むアパートのある土地に生まれ変わらせることもでき，一石二鳥の効果を生みます。

ここまではよいことばかりのように見えますが，実は大きなリスクもあるのがこの手法です。次に，そのリスクについて見ていきます。

3 アパート建築はアパート経営事業として考える

これまでに，遊休土地にアパートを建てて貸し出すことで土地や建物の評価額が下がり，結果的に自社株式の株価の引き下げにつながるという説明をしました。

一見，とても合理的な手法に見えますが，実は大きなリスクもはらんでいるため，ここではそのリスクについて見ていきます。

たとえば，銀行等からの提案で借入をして，もともと持っていた遊休土地（評価額6,000万円）に1億円のアパートを建築するとします。

| 借入で調達した1億円 | | 建物　1億円 |

この場合に，第三者にアパートとして貸し出すことで建物と土地の両方の評価額が下がるのは，前述のとおりです。ここでは，建物は5,000万円，土地は3,000万円まで評価額が下がるとします。

```
建物  10,000万円          建物評価額  5,000万円        一見すると50%
                    ⇒                               資産を圧縮でき
土地   6,000万円          土地評価額  3,000万円        ているが・・・
```

　このように，土地を購入してアパートを建てると50％評価額を下げられるような場合には，資産が8,000万円，負債（借入金）1億円という形になるので，これだけ見ると，資産を負債が上回り，法人の純資産は資産8,000万円－負債1億円＝マイナス2,000万円になります。この手法をとれば，計算上は非常に得をしたかのように見えますが，実はここにリスクがあります。

　キーポイントは，事業承継後の状況に目を向けることです。このアパートは事業承継後も継続して家賃収入を生みますが，このアパートが入居率の低いアパートになってしまったらどうでしょうか。また，アパート建築後に土地が大きく値下がりしてしまったとしたらどうでしょうか。

　そうなると，家賃収入を得ることができず，土地を売却してもほとんど値段が付かない状況では，たとえ事業承継時に評価額を下げて「お得に」事業承継ができたとしても，実際に購入したアパートや土地がキャッシュを生まなければ，お金をドブに捨てるようなものになってしまいます。

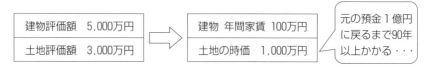

　このように，アパート建築による株価引き下げについては，評価上で得をしても，実際には損をしてしまうケースがあることに注意しなければなりません。

　アパート建築を検討する際には，次の項目などを保守的に検討することが重要です。

- アパートを建てようとしている土地の立地及び将来のその地域の予想人口
- 建築するアパートの想定家賃や入居率
- 経年劣化に伴う定期的な修繕費の見積り

　アパート建築は，数年，数十年にわたって行う一種の事業としてとらえ，投資した金額の回収が見込めるかを慎重に検討しましょう。投資した金額の回収が見込めそうにないのであれば，一時的な節税にはなっても結果として損してしまうことを十分に認識したうえで判断しましょう。

4　アパート建築の失敗事例

　ここでは，アパート建築による株価引き下げ手法の失敗事例を取り上げます。架空の設定ですが，十分に起こりえる話です。

＜土田家の場合＞

　土田金属工業㈱を経営する土田一雄（75歳）は，10年前にがんを患ったことをきっかけに長男である土田隆史（44歳）に代表取締役の座を譲ることを真剣に検討していました。一雄のがんは幸い早期発見ということで，転移等はなく現在は元気に回復していますが，一雄に「もういつ何が起きてもおかしくない」と思わせるには十分な出来事でした。そのため，一雄はそれ以降，自分がいなくなっても会社の事業が回るように，長男の隆史を代表取締役として生前に事業承継をすることを検討し始めました。

　その結果，5年前に無事周囲の理解を得る形で隆史に代表取締役の座を譲りました。税理士の話では，あとは一雄の持っている自社株式を隆史に引き継げば事業承継は完了でしたが，土田金属工業㈱は数年前から大手得意先からの受注をもらえるようになり，業績は右肩上がりで伸びていました。そのため，自社株式の評価額がかなり高く，このままでは多額の納税が発生するという話を

顧問税理士から受けました。そこで，自社株式の株価引き下げの対策として，顧問税理士は「アパート建築」を提案してきました。

　会社で銀行から借入をして郊外に大規模なアパートを建てると，自社株式の評価を大きく下げられるというのです。また，アパート自体はその後も家賃収入を生むし，郊外に広い土地を持っていれば将来その地域が開発された際に高く売れる可能性もあるということで，節税を取りつつ，将来大化けする可能性もあるという，とても魅力的な案でした。

　一雄は迷わずこの案を実行に移します。TVのCMなどでもよく目にする建築会社が今回のアパート建築を担当することも一雄の安心材料の1つでした。その建築会社は，建てたアパートをその後20年間にわたって一括で借り上げてくれ，家賃収入が保証されるとのことで，さすが大手の建築会社だと感心していたのでした。アパートが完成し，実際に入居が始まると，新築物件のため入居者もまずまずの状況が数年続きました。近所に私立大学があったことで，その地域に若者が多かったことも影響しました。

　状況が一変したのはその数年後です。近所にあった大学が都心部へ移転することが決まり，入居者が激減しました。大学生でにぎわっていた商店街も一気にシャッター街となってしまい，地域の住民の高齢化が進みました。

　その結果，会社で建てたアパートの入居者もどんどん減り，夜に電気がついている部屋が1つ，また1つと減っていきました。しかし，一雄はうちの物件はこのような事態に備えて大手建築会社が一括で借り上げてくれているから家賃収入が減ることはないと考えていました。そんな頃，会社に建築会社から1通の書類が来ます。それは，「契約解除通知書」でした。通知書の内容は，「当初の契約書に記載の通り，入居率が○パーセントを下回ったため，来月から一括借り上げ契約を解除させていただきます」というものでした。

　一雄は我が目を疑いましたが，当初の契約書には確かにそのような記載がありました。契約当時は「そんな状況にはなりえない」とタカをくくってきちんと契約内容を理解していませんでした。結果として契約は解除され，そこからそのアパートは空室だらけとなり，家賃収入はスズメの涙程度です。大学が移

転したことで土地の時価も大きく下がり，残ったのはアパート建築時に借りた多額の借入金のみでした。銀行側もこのことを重く見て，会社の工場を追加で担保に入れるように迫られ，泣く泣く一雄と隆史は工場を担保に入れました。そこからは，本業である金属加工で得た利益をアパートの借金返済に回す日々が続き，隆史は本業はうまく承継ができたものの，会社の財務状態を改善することに四苦八苦することになってしまいました。

第3章 不動産を使って株価を下げる

3-2 タワーマンションを買う

1　タワーマンション節税の仕組み

　不動産を使った事例の2つ目は，タワーマンションを使った方法です。タワーマンション節税を検討する前に，マンションの評価方法を見ていきます。

　マンションは土地と建物が不可分一体のものですが，評価を行う際には土地と建物に区分して，それぞれに固定資産税評価額や路線価をもとに評価を行います。まずマンション全体の評価額を計算し，次にマンション全体の評価額に各々の持分割合を乗じて計算を行います。

　一般的に路線価による評価額又は固定資産税評価額は，マンションの購入金額の7割程度といわれています。そのため，マンションを購入することで評価額が下がり，節税を行うことができます。

【10,000万円のマンション購入の場合】

　このように，マンションを購入するだけでも節税となりますが，タワーマンションを購入することで節税額をより大きくすることができます。

　タワーマンションはマンション全体の戸数が多いため，1戸当たりの持分割合が低くなり，土地又は建物の評価額が低くなる傾向にあります。さらに，持分割合は，面積が同じであれば低層階でも高層階でも一定であるため，眺望や

ステータスに影響することなく，マンション1戸当たりの評価額は同額となります。

一方，タワーマンションの時価は，低層階と高層階とでは大きく異なることがあります。これは，タワーマンションは眺望やステータスが大きく影響するため，高層階になればなるほど購入金額が高くなる傾向があるからです。

このように，タワーマンションの高層階を購入することで実際の購入金額と財産評価額との間に大きく乖離が生じることになり，この乖離を利用して節税する手法を「タワーマンション節税」といいます。

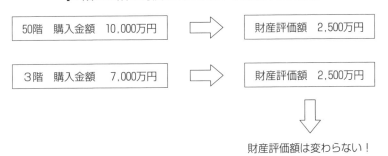

【3階と50階で時価は異なるが，面積が同じ場合】

2　タワーマンション節税は株価引き下げにも使える

タワーマンションを活用した節税策は，相続税の節税だけでなく，次のような方法によって自社株式の評価額を引き下げることができます。

① 　タワーマンションを購入し，会社の純資産価額を下げる方法
② 　建物部分について減価償却を行うことで，利益及び純資産を圧縮し評価額を下げる方法

(1) タワーマンションを購入し，会社の純資産価額を下げる方法

　現金預金を使ってタワーマンションを購入することで，会社の現金預金が土地及び建物に変化することになります。そのため，タワーマンションの評価額は購入金額よりも低くなって純資産価額が下がる結果，株価も下がることになります。

【現金10,000万円でタワーマンション（評価額：建物部分2,800万円，土地部分4,200万円）を購入した場合】

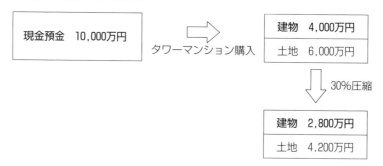

(2) 建物部分について減価償却を行うことで，利益及び純資産を圧縮し評価額を下げる方法

　タワーマンションを購入することで，償却資産である建物が会社の資産として計上されます。そのため，建物部分は，減価償却費が費用として計上されることで会社の利益が圧縮されるとともに純資産についても圧縮されます。

　「利益」，「純資産」は，自社株式の評価方法である「類似業種比準価額方式」の比準要素となっており，比準要素が圧縮されることによって自社株式の評価額を下げることができます。また，「資産」が圧縮されることで，「純資産価額方式」による評価額についても引き下げることができます。

【株価引き下げのイメージ】

・類似業種比準価額方式

純資産価額↓ ＝ 資産の額↓ － 負債の額 － 評価差額に対する
　　　　　　　　（相続税評価額）　（相続税評価額）　法人税等相当額

・純資産価額方式

$$\text{類似業種比準価額}\downarrow = \text{類似業種の株価} \times \frac{\dfrac{\text{評価会社の配当額}}{\text{類似業種の配当額}} + \dfrac{\text{評価会社の利益額}\downarrow}{\text{類似業種の利益額}} + \dfrac{\text{評価会社の純資産価額}\downarrow}{\text{類似業種の純資産価額}}}{3} \times \text{会社規模ごとの割合}$$

3 税制改正でタワーマンション節税はできなくなったか

　タワーマンションは1億円以上するようなものも多く、富裕層でなければ購入することが難しいことから、タワーマンション節税は富裕層でなければ利用することができない節税対策であるといわれていたため、かねてより課税の公平性を損ねるという批判がありました。そのため、平成29年度の税制改正によって見直しが行われました。

　従来は高層階でも低層階でも面積が同じであれば、固定資産税評価額についても同じ金額となっていたため財産評価額は同じでした。しかし、眺望や日当たりなどがよいとの理由から高層階は低層階に比べて人気が高く、また取引される価格も高層階と低層階とでは大きく開きがある点を考慮すると、高層階と低層階で固定資産税評価額が同じなのは実態とそぐわないとの観点から、高層階の固定資産税評価額の負担を増やし、低層階の負担を軽くなるように、平成29年度の税制改正によって見直しが行われました。

　このように、税制改正によって節税策の見直しは行われましたが、タワーマンション節税が有効でなくなったかというと、税制改正により節税額は薄まったものの、タワーマンション節税自体はまだまだ有効であるといえます。

　タワーマンション節税自体がまだまだ有効である理由は、次のとおりです。

> ① 税制改正後も購入金額と固定資産税評価額の乖離は大きい
> ② 税制改正の対象となる物件は，平成29年4月以降に新築された物件である

① 税制改正後も購入金額と固定資産税評価額の乖離は大きい

　　税制改正によって見直しがされたのは，実際の取引価額の傾向を踏まえ高層階の負担を大きくし，低層階の負担を小さくするといった固定資産税評価額の按分方法の見直しとなり，マンション全体の固定資産税評価額については従来と何ら変わりません。

　　そのため，高層階の負担については確かに従来に比べて大きくなりましたが，固定資産税評価額は購入金額に比べると依然として低いままであることから，タワーマンション節税はまだ節税策として有効であるといえます。

② 税制改正の対象となる物件は，平成29年4月以降に新築された物件である

　　税制改正が適用されるタワーマンションは，平成29年4月以降に新築されたマンションのみとなります。よって，平成29年3月までに建築された中古物件を購入すれば平成29年度の税制改正の影響は受けないため，タワーマンション節税はまだまだ有効な節税策であるといえます。

タワーマンション節税は非常によい節税策になりますが，今後も課税の公平性の観点からの見直しが行われることが想定されますので，タワーマンション節税を利用しようと考えている方は今後の改正にも注意が必要です。

3-3 コンテナを買う

1　コンテナとは

　株価を下げる方法の1つに、「コンテナの購入」があります。いきなり「コンテナ」といわれてもイメージができないかもしれませんので、ここではコンテナとはどのようなものなのかを見ていきます。

　コンテナというと、普通は貨物輸送などに使用されるものをイメージされるかもしれませんが、ここでのコンテナはそれとは少し違います。

　新聞の折込みチラシなどで、「トランクルーム」という文字を見かけたことはないでしょうか。自宅の近くに自分専用のトランクルームを借りることで、大きな荷物などを入れることができ、自宅のスペースを効率的に使えるという内容の広告です。実は、ここでのコンテナとは、実はこの「トランクルーム用のコンテナ」を指します。

　このトランクルームは、都市部を中心に近年急速に数を増やしています。都市部は住宅家賃が高いため、十分なスペースのある住宅を借りることは難しく、大きな荷物などをすべて自宅に収納すると生活スペースを圧迫してしまいます。そのような際に、駅や自宅から少し離れたところにあるトランクルームを借りることで大きな荷物を収納でき、自宅のスペースを空けて有効活用することができます。

　トランクルームは駅などから少し離れたところにあるため、面積当たりの毎月の賃料も安く抑えられます。そのため、荷物を収納するために家賃の高い広い住宅を借りるのではなく、大きな荷物は安く借りられるトランクルームに入れ、少し狭いけれど駅近の利便性のよい物件を選ぶ方も増えています。それまでは2LDKに住んでいたような方が1LDKの物件に引っ越して家賃を抑え、入らない荷物はトランクルームに入れるケースです。

　都市部では、このようなトランクルームが徐々に認知され、数も短期間のう

ちに大幅に増加しています。

　このトランクルーム用コンテナの取得が，近年の事業承継や相続対策として注目されています。詳細は後述しますが，事業承継対策として法人でトランクルーム用コンテナを購入することで，自社株式の評価を下げることができます。

　近年トランクルーム用の用地の手当てからコンテナの製造及び販売，その後の賃貸管理までをワンストップで行う業者も増えてきており，そのような業者からコンテナを購入し，事業承継対策としてコンテナを利用したトランクルームの賃貸事業を始める法人も出てきています。

　前述のとおり，都市部ではトランクルームの借り手の需要が高まっていますし，トランクルーム用のコンテナは，アパート建築よりも少ない金額で購入できることから，賃貸用物件としてのトランクルーム用コンテナの需要も高まっています。トランクルーム用のコンテナを購入して，賃貸用物件として貸し出すことで，自社株式の評価を下げることができ，かつ，コンテナの賃貸による賃貸収入も得られるとなれば，事業承継対策としてはとても魅力的です。

　気になる賃貸利回りですが，10年契約で10年間トータルの利回りが5％程度という業者が多くなっています。たとえば，1,000万円でコンテナを購入し，コンテナ業者に一括して貸し出し，賃貸管理まで依頼した場合に，10年間にわたって年間105万円の賃料が入ってくるような形です。業者や物件の立地によっても利回りは変動することはありますが，5％が1つの目安となっています。

2　コンテナ購入による株価引き下げの仕組み

　法人がトランクルーム用のコンテナを購入した場合の，自社株式の株価引き下げの仕組みを見ていきます。

　基本的な流れは，アパート建築の場合と同様です。法人で所有している遊休土地にトランクルーム用のコンテナを1,000万円で購入し，年間105万円の賃料（利回り5％）でコンテナ業者に一括して貸し出す場合を考えてみましょう。

まず、遊休土地にトランクルーム用コンテナを購入すると、法人の現金預金がコンテナに変わります。

| 現金預金　1,000万円 | ⇒ | コンテナ　1,000万円 |

この時点では、法人の株価に影響はありません。しかし、このコンテナは法人税法上「器具・備品」となり、長さが6ｍ未満のものであれば3年で減価償却が可能です。

つまり、3年でこの1,000万円を費用にできてしまうので、年間105万円の賃料が入ってくるとしても、3年後には1,000万円を315万円まで圧縮することができます。

```
コンテナ購入前              コンテナ購入後3年経過
現金預金　1,000万円    ⇒   現金預金　315万円（年間賃料105万円×3年）
                            コンテナ　　0万円（減価償却完了）
                            合計　　　315万円 ⇒ 68％資産を圧縮
```

このように、コンテナは長さが6ｍ未満のものであれば3年での減価償却が可能のため、3年後にはコンテナ自体の価値は0（ゼロ）となり、コンテナの賃貸収入で入ってきた105万円×3年分の315万円だけが法人に残ります。

この時点で自社株式を後継者に承継すれば、1,000万円の資産を315万円まで圧縮しているので、その分の純資産額が減少します。これにより、まず純資産価額方式の株価が下がることになります。また、3年間で1,000万円の費用（減価償却費）を計上しますので、純資産額に加えて、その分のこの期間の利益も減少します。これにより、類似業種比準価額方式の株価も下げることができます。

しかし、この方法の最大のメリットは、資産を減らさずに株価を引き下げられる点です。前述の例を10年経過後まで見てみましょう。

```
┌─────────────────────┐        ┌──────────────────────────────────────────┐
│ コンテナ購入前       │        │ コンテナ購入後３年経過                   │
│ 現金預金　1,000万円  │  │ 現金預金　315万円（年間賃料105万円×３年）│
│                     │        │ コンテナ　　0万円（減価償却完了）        │
└─────────────────────┘        │ 　合計　　 315万円 ⇒ 68％資産を圧縮     │
                                └──────────────────────────────────────────┘
```

```
                                ┌──────────────────────────────────────────┐
                                │ コンテナ購入後10年経過                   │
                                │ 現金預金1,050万円（年間賃料105万円×10年）│
                                │ コンテナ　　0万円（減価償却完了）        │
                                │ 　合計　 1,050万円 ⇒ ５％資産増加        │
                                └──────────────────────────────────────────┘
```

　このように，コンテナは賃貸収入を生むので，３年目で315万円まで圧縮された資産がその後の賃貸収入で10年後にはコンテナ購入前よりも増えることになります。そのため，たとえば経営者が後継者に自社株式の承継を検討し始めた段階でコンテナを購入し，３年後の株価が下がった時に承継を行えば低い株価で承継ができ，後継者は法人で残りの賃貸収入を毎年得られ，10年後にはコンテナ購入前以上に資産を増やせることになります。

3　コンテナ節税のリスク

　ここまで，コンテナ購入による株価引き下げのメリットを主にご紹介してきましたが，コンテナ節税によるリスクについて見ていきます。
　コンテナ節税におけるリスクは，主に次の点があげられます。

【コンテナ節税における主なリスク】

①　コンテナ自体の毀損・減失リスク
②　賃貸収入の減少リスク
③　税制改正のリスク

① コンテナ自体の毀損・滅失リスク

　コンテナを賃貸する以上は，このコンテナ自体が何らかの理由で毀損・滅失をしてしまえばその後の賃貸事業自体が続けられなくなりますので，1つのリスクとなります。たとえば，台風や突風・竜巻，川の氾濫や津波などでコンテナ自体がダメージを受ければ，その後の賃貸収入に大きな影響を与えます。また，コンテナ自体に落書きをされたり，窃盗などで人の手で破損させられたりした場合には，コンテナ自体へのダメージは少なくても，借り手が離れてしまったり，修理・補修に追加のコストがかかるなどの影響が出ます。これらにより，予定していた利回りが得られない可能性があることは，リスクとして認識しておくべきです。

② 賃貸収入の減少リスク

　賃貸収入は，コンテナ業者との契約で「一括借上」とするケースが多いと考えられます。この際の契約条件については，きちんと把握しておくことが大切です。何が起きても定められた期間内は一括借上してくれるのか，何らかの事象が起きたときには一括借上契約は解除されてしまうのか，この条件については事前にきちんと把握しておきましょう。たとえば「契約率が〇パーセントを下回った場合には一括借上契約を解除する」という条件が付いていたときには，5年後，10年後もその地域でコンテナ需要が見込まれるかの検討は非常に重要です。新興住宅地などでは需要がある程度見込まれますが，すでにある程度成熟した住宅地では，5〜6年後には大きく過疎化していることも少なくありません。また，郊外では1つの大型ショッピングモールの開店や，幹線道路の開通などにより人口分布が短期間で激変することもあります。そのため，一括借上の契約条件については，十分に検討を行うようにしましょう。

③ 税制改正のリスク

　最後に，税制改正のリスクです。当然ですが，コンテナ節税は「現在」の税制で可能な手法であり，今後の税制改正によりこの手法が株価引き下げなどに効果を持たなくなる可能性も十分考えられます。たとえばコンテ

ナの法定耐用年数をもっと引き延ばすような改正が入った場合には，短期間で自社株式の株価引き下げは難しくなります。

　このように，自社株式の株価計算上不利になるような税制改正が今後出てくる可能性はあり，その内容によってはメリットが大きく減少してしまう場合も考えられますので，その点はリスクとして認識しておく必要があります。

3-4 不動産小口化商品を買う

1 不動産小口化商品とは

　不動産を使った事例の最後は，不動産小口化商品を使った方法です。

　「不動産小口化商品」については聞きなれないかもしれませんので，まずは不動産小口化商品とはどのようなものなのかを見ていきます。

　不動産小口化商品とは，大手不動産会社が厳選した投資用の不動産を購入した後，不動産の所有権を小口に切り分けて複数の投資家に投資してもらい，不動産から生じる不動産収益等をそれぞれの投資家に分配する仕組みの金融商品です。

　これは，不動産の「共有持分」を購入した投資家が「共有持分」を任意組合に現物出資したうえで大手不動産会社が不動産の一括管理を行う仕組みをとっており，次のようなメリットがあげられます。

【不動産小口化商品のメリット】

① 不動産を自分だけで所有する場合と比較して投資資金が少なくてすむ
② 不動産の運用に関して手間がかからない
③ 稼働状況がよい優良大型不動産に投資を行うことができる
④ 相続税の節税対策を行うことができる

① 不動産を自分だけで所有する場合と比較して投資資金が少なくてすむ

　　不動産小口化商品は，不動産を小口化し，複数の投資家で共有するため，投資家1人当たりの投資資金が少なくなります。また，不動産を自分だけで所有する場合には，1戸分の投資金額しか準備できない場合でも，不動産小口化商品に投資を行うことで数戸の不動産に投資を行うことができるため，リスク分散を行うことができます。

② 不動産の運用に関して手間がかからない

　投資家のすべてが不動産のことを熟知しているとは限らず，また投資家が複数人いることが想定される不動産小口化商品は，不動産管理のノウハウを持った大手不動産会社が管理を一括して引き受けるため，投資家は時間や手間をかけずに投資を行うことができます。

③ 稼働状況がよい優良大型不動産に投資を行うことができる

　不動産小口化商品は，通常自分だけでは所有することが困難な優良大型不動産に投資を行うことができるため，大都市などのニーズの大きいエリアの不動産に投資を行うことができます。

④ 相続税の節税対策を行うことができる

　不動産小口化商品は，路線価と実際の販売価格に大きな差がある物件を業者が見つけて小口化商品としているなど，個人ではなかなか買えないような物件を扱っていることが多く，タワーマンション節税よりもお手軽に相続税の節税をすることができます。

2　不動産小口化商品の仕組み

　基本的には，アパート建築やタワーマンション節税の場合と同様で，不動産小口化商品を購入することで，法人の現金預金が土地及び建物に変わります。

　ここで土地及び建物は，固定資産税評価額や路線価をもとに評価を行うこととなりますが，不動産小口化商品には，相続税評価額が購入価額の20％程度となるようなものがあり，相続財産を大きく圧縮することができます。さらに，建物については貸家としての評価減が，土地については貸家建付地としての評価減がされるため，より節税効果を見込むことができます。

【不動産小口化商品のイメージ図】

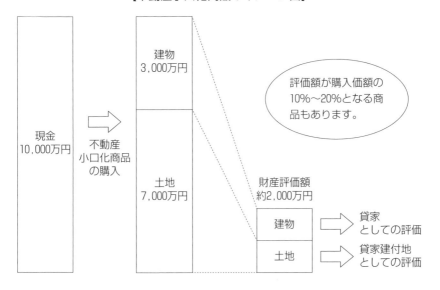

このように、相続税の節税という点では優れている不動産小口化商品ですが、当然に不動産投資に係るさまざまなリスクが存在するため、メリット・デメリットをしっかり認識して投資を検討することが重要となります。

(1) 不動産自体の価格変動リスク

不動産小口化商品において、投資対象となる不動産は優良大型不動産であることが多いため、空室になることは少ないかもしれませんが、不動産の入居者がいない場合には、投資に対する配当（賃貸収入）を得ることができず、投資資金を回収できないリスクが生じます。

不動産投資については、価格変動の起こりえる投資であることをしっかり認識する必要があります。

(2) 不動産の流動性リスク

このリスクは不動産小口化商品に限らずその他の投資に対してもいえること

ですが，投資した不動産について売却を考えた場合でも，タイミングよく買い手が現れるかは未知数であり，買い手が現れたとしてもその時の市場が下がり調子である場合には元本割れに伴う損失を被る可能性があるため，売却を考える時期になったら市場の動向を注意しておく必要があります。

(3) 投資案件数のリスク

不動産小口化商品は近年増加傾向にありますが，他の投資案件と比較するとまだまだ商品数が十分であるとはいえません。そのため，優良投資案件を探し出すために，多大な時間や手間が必要となる可能性があります。

第4章

持株比率を下げる

4-1 持株比率を下げて事業承継をスムーズに

1 持株比率を下げる方法

　事業承継の肝となる自社株式の承継ですが，第3章では自社株式の評価額を下げる手法を紹介してきました。この章では，経営者の持株比率を下げることで自社株式の承継をスムーズにする手法を取り上げます。

　自社株式の評価額は，次のような算式で決まります。

> 自社株式の評価額＝株価×持株数

　そのため，自社株式の評価額を下げるためには，株価を引き下げる，又は持株数を減らす必要があります。このうち，第3章では株価の引き下げ手法を取り上げましたが，ここでは持株数を減らすための手法を取り上げます。

　また，持株数の減少は，そもそも所有している自社株式自体の数量が減るので，評価額を直接的に引き下げられますが，「持株比率」が減少することによって間接的に自社株式の評価額を引き下げる手法も存在します。

　持株比率の減少とは，たとえば経営者が会社の発行済株式（100株）のすべてを保有している場合に，会社が新たに第三者に300株を発行して増資をしたとします。

　その場合に，経営者の持株数は100株のままで変わりありませんが，経営者の持株比率はもともとすべて（100％）を保有していた状態から，発行済株式数400株のうちの100株（25％）に減少します。

【株式発行前】		【株式発行後】	
発行済株式数	100株	発行済株式数	400株
経営者持株数	100株	経営者持株数	100株
経営者持株比率	100％	経営者持株比率	25％

詳細は後述しますが，持株数の減少だけでなく，持株比率の減少によっても自社株式の評価額を引き下げることができます。また，持株数を減少させるのは，当然ですが経営者の生前にのみ可能です。経営者が亡くなった段階で承継する経営者の持株数は確定していますので，あくまで経営者の生前に持株数を減らしておくことが必要です。

持株数の減らし方には，大きく「生前贈与」と「譲渡」という２つの方法があります。

【持株数を減らす２つの方法】
① 生 前 贈 与
② 譲　　　渡

生前贈与は経営者が生前に後継者に対して自社株式を無償で渡すことで，譲渡は経営者が後継者に対して有償で自社株式を売買することです。それぞれケースバイケースで適した状況がありますし，タイミングや回数というのも検討する必要があります。

生前贈与するにしても，一度に経営者の持株のすべてを贈与する必要はありません。譲渡も同様です。この２つの方法のどちらを使うか，また方法が決まってもそれをどのタイミングで，何回で行うのかも，承継時の税負担を軽減する重要な要素となります。

2　株式を生前贈与するには

生前贈与には，贈与税の計算方法として「暦年贈与」と「相続時精算課税」という２つの方法があります。どちらもメリット・デメリットがあり，ケースバイケースで使い分けをすることになります。それぞれの仕組みを見ていきます。

① 暦年贈与

> 毎年110万円までは贈与税が非課税になる。
> ＜経営者の財産が500万円の場合＞
> 1年目に500万円を一括で贈与 ⇒ 贈与税がかかる。
> 5年に分けて毎回100万円ずつ贈与 ⇒ 毎年110万円以内なので贈与税はかからない。

　暦年贈与とは，毎年1月1日～12月31日の間に贈与を受けた場合に，贈与を受けた金額が110万円までは毎年贈与税が無税となる制度です。

　たとえば，経営者の財産が500万円あり，毎年100万円ずつ5年間にわたって贈与をすれば，毎年110万円以下の贈与のため，非課税で500万円全額を後継者に渡すことができます。

　なお，贈与額が110万円を超えた場合には，その超えた金額に対して累進税率で贈与税が課税されます。暦年贈与は，基本的には「長期間でコツコツ」利用していく制度です。毎年110万円の非課税枠があるので，経営者がまだ若くて事業承継までの時間が10年～20年あるような場合には，早いうちからコツコツ110万円の非課税枠を利用して後継者に自社株式をはじめとする財産を移していけば，将来大きな効果を発揮します。

② 相続時精算課税

　相続時精算課税とは，基本的には子ども（孫も可）が後継者になる場合に使用できる制度です。この制度は，20歳以上の後継者となる子ども（孫）に対して，60歳以上の経営者である親が贈与をする場合に，2,500万円まで贈与税を非課税にする制度です。2,500万円を超える贈与を行った場合には，超えた部分について一律で20％の贈与税がかかります。

　この制度の特徴は，相続時に贈与分も含めて精算をするという制度です。たとえば自社株式の評価額が100株で3,000万円の場合に，後継者となる子ども2人に50株（1,500万円）ずつ相続時精算課税制度を使って贈与をすれば，まず贈与時には2,500万円以下のため贈与税はかかりません。その

後に経営者が亡くなり相続を迎えた際には，自社株式以外のその他の財産はその時の時価に対して相続税を計算しますが，すでに相続時精算課税で贈与している自社株式については，贈与当時の評価額で相続税を計算します。その結果，相続税が生じれば納付することになりますが，相続税が生じても，相続時精算課税を適用して贈与をした際に納付した贈与税がある場合には，相続税からすでに相続時精算課税ですでに納付済みの贈与税を控除することができます（二重課税にはなりません）。

この制度のメリットは，2,500万円という非課税枠があるので，1度にまとまった財産を贈与できることです。また，相続財産が少なく，経営者が亡くなった際に相続税が生じないことが明らかな場合には，この制度を使うことで早期に自社株式を後継者に渡すことができます。

相続税の計算の際も，相続時精算課税で贈与した財産については，贈与時の時価で計算がされますので，これから会社が大きくなっていき，自社株式の評価額もどんどん増えていくことが見込まれる場合には，自社株式の評価額が上がる前に，この制度で一括贈与をしてしまうこともできます。

3 贈与税の計算方法

そもそも，贈与税とはなぜかかるのでしょうか。日本に贈与税がなかった場合を考えてみましょう。

もし贈与税の制度がなく，相続税のみが存在する場合には，財産を持っている人は，そのまま亡くなると相続税がかかってしまうため生前に自分の財産を自由に贈与し，亡くなる時に財産を持っていない状態にするでしょう。そうなると，基本的に国民全員が，亡くなる時には財産を持っていないのですから，相続税を支払う人はいなくなります。これでは，国は相続税を課税することができません。

そこで，このようなことができないようにするために，贈与税の仕組みを作り，相続税逃れを「補完」しています。

また，税負担についても贈与税のほうが軽ければ税負担の重い相続税を払うよりも税負担の軽い贈与税を払うことを選択することになり，それでは結果的に相続税を課税する対象がいなくなってしまいます。ここでも相続税の補完という面から，税負担も相続税よりも贈与税のほうが重くなっています。すなわち，同じ額の財産を贈与される場合と相続する場合を比べると，贈与税のほうの負担が重いということです。

　次の表は，相続税と贈与税の税率を記載しています。どちらも累進税率が採用され，課税対象額が多くなればなるほど，税率も高くなる仕組みになっています。

　詳細な税額計算は省略しますが，課税対象額3,000万円の場合で，相続税の税率が15％に対して，贈与税は45％もの税率となっていることからも，贈与税の税負担の重さがわかります。

相 続 税

課税対象額	税　率
1,000万円以下	10%
1,000万円超　3,000万円以下	15%
3,000万円超　5,000万円以下	20%
5,000万円超　1億円以下	30%
1億円超　2億円以下	40%
2億円超　3億円以下	45%
3億円超　6億円以下	50%
6億円超	55%

贈 与 税

贈与財産から基礎控除110万円を差し引いた金額	税　率	控 除 額
200万円以下	10%	－
200万円超　400万円以下	15%	10万円
400万円超　600万円以下	20%	30万円
600万円超　1,000万円以下	30%	90万円
1,000万円超　1,500万円以下	40%	190万円
1,500万円超　3,000万円以下	45%	265万円
3,000万円超　4,500万円以下	50%	415万円
4,500万円超	55%	640万円

※　20歳以上の子，孫，曾孫への贈与の場合

では，贈与税はどのように計算されるのでしょうか。

まず，贈与された財産の価額は，その時点の時価が課税対象額となります。現金や預金を贈与されれば計算は簡単ですが，自社株式などは，第1章や第2章で取り上げた方法により評価をすることになります。

贈与税の場合には，その課税対象額から無条件で110万円を差し引くことができます（この110万円を「基礎控除」といいます）。

暦年贈与が110万円までは非課税とされているのは，この基礎控除があるためです。そして，基礎控除を上回る分に対して贈与税を計算します。贈与税は，20歳以上の子，孫などへの贈与の場合とそれ以外の方への贈与の場合で若干税負担が異なりますが，ここでは子への現金500万円を贈与した場合を取り上げます。

まず，贈与額500万円から，基礎控除110万円を差し引くと，390万円となります。上記の表で390万円に対応する税率は15％です。また，控除額が定められており，最終的な税額は次のとおりとなります。

【贈与税額】
（贈与額500万円－基礎控除110万円）×税率15％－控除額10万円＝48.5万円

4 誰にどれだけ贈与するのがベストか

3では、贈与税が相続税よりも重い税負担であるということを説明しました。実際には、贈与と相続のどちらかのみを使用することはまれで、贈与をしつつ、相続を迎えるのが一般的です。

たとえば、経営者とその配偶者、子ども1人という家族で、財産が5億円という場合で、①毎年110万円の贈与をして10年後に相続を迎えた場合と、②毎年510万円の贈与をして10年後に相続を迎えた場合とで、トータルで支払う税金を比べてみましょう。

前述のとおり、贈与税のほうが税負担が重いので、普通に考えれば②の税負担のほうが大きくなるように見えますが、実は②のほうがトータルでの税負担は少なくなります。

相続税が多額にかかるような場合には、多少の贈与税を支払ってでも生前贈与をして相続財産を減らしたほうがトータルでの税負担は軽くなります。

【財産が5億円の場合】

① 毎年110万円の贈与を10年間した場合

支払う贈与税の金額
⇒ 基礎控除110万円の範囲内のためゼロ

支払う相続税の金額
5億円 − (110万円×10年) = 4億8,900万円
4億8,900万円×税率50% − 控除額4,200万円
= 2億250万円

トータルで払う税金
贈与税0円 + 相続税2億250万円
= 2億250万円

② 毎年510万円の贈与を10年間した場合

支払う贈与税の金額
(510万円 − 110万円)×15% − 10万円 = 50万円
50万円×10年 = 500万円

支払う相続税の金額
5億円 − (510万円×10年) = 4億4,900万円
4億4,900万円×税率50% − 控除額4,200万円
= 1億8,250万円

トータルで払う税金
贈与税500万円 + 相続税1億8,250万円
= 1億8,750万円

① > ②

⇒ 多少の贈与税を支払ってでも贈与をしたほうが、贈与税のかからないように贈与したときと比べて**1,500万円**も節税ができる。

一方で、財産が2,000万円のケースでは、そもそもそのまま相続を迎えても、基礎控除内であるため相続税はかかりません。したがって、贈与税を支払って

生前贈与すればその贈与税の分は損してしまうことになりますので，相続まで待つか，相続時精算課税での贈与を検討するほうがよいことになります。
　また，生前贈与の場合には，「誰に贈与するか」も重要な要素となります。前述の例で，経営者が子どもに贈与をすれば，相続が起きた時にはすでに財産が子どもに移っているので，その分は相続税の心配はいらなくなります。しかし，経営者が妻に贈与をすれば，経営者の相続の時には贈与した財産は相続税の対象にはなりませんが，その後に妻が亡くなって子どもに相続がされると，この時に相続税がかかる可能性があります。
　そのため，生前贈与は，可能な限り子どもや孫など，自分よりも下の世代に行うようにしましょう。孫に贈与ができれば，経営者及び子どもの相続の際も孫に贈与した財産は相続税の対象外となり，相続税の課税回数を2回スキップすることができます。各回の相続税を節税するよりも，そもそも相続税がかかる回数を物理的に減らしてしまうのが究極的な相続税の節税といえます。
　ただし，経営者が自社株式を幼い孫に贈与するような場合には，注意が必要です。会社の経営権を孫が持つことになることで，本当にその状況で会社経営がうまくいくかの見極めが重要です。

 **株式譲渡**

1　株式を譲渡するには

　上場株式等を譲渡するには，市場が存在するため自由に株式譲渡を行うことが可能となります。ところが，中小企業においては上場しておらず，かつ，株式を頻繁に売買することを想定していないため，譲渡を行うには一定の手続きを経て行う必要があります。

　これは，会社の経営者が保有している株式を後継者へ譲渡する場合も同じであり，次の流れに沿って手続きを進めることになります。

---

① 　株式譲渡承認請求を行う
② 　取締役会において株式譲渡の承認を行う
③ 　株式譲渡契約の締結を行う
④ 　株主名義書換の請求を行う

　多くの中小企業の株式は，会社の定款において譲渡制限を付しているため，株主は会社の承認がなければ第三者に対して譲渡ができなくなっています。そのため，まずは譲渡人である経営者は，会社に対して株式の譲渡承認請求を行うことになります。

　次に，株主より譲渡承認請求を受けた会社は，取締役会において株式の譲渡を承認する旨の決議を行います。

　そして，取締役会において譲渡承認を受けた後，株式の譲渡人である経営者と譲受人である後継者において譲渡契約を締結し，契約に伴い株式の譲渡を行います。

　実際に譲渡を行った後は，株式の譲渡に伴い株主が変更となった旨を会社に証明するために株式の名義書換請求を行います。

　このように，株式の譲渡はさまざまな手続きを経て行うこととなりますが，

実際に譲渡が発生した場合には、株式の譲渡人は譲受人より株式の売買代金を受け取ることとなるため、税金が課税されることとなります。

2 株式譲渡にかかる税金の計算方法

自社株式の譲渡を行った際の具体的な税金の計算方法を見ていきます。

経営者から後継者へ株式の譲渡を行うことで、譲渡人である経営者は株式と引き換えに株式の譲渡代金を譲受人である後継者から受け取ることとなるため、譲渡人においては株式を譲渡したことで得た利益（所得）に対して税金が課せられることとなります。

株式を譲渡した際の具体的な税金の計算方法は、次のとおりです。

> 税金＝｛総収入金額－（取得費＋譲渡経費）｝×20％
> 　　　　　　　　　　　　　　　（所得税15％，住民税5％）
> なお、2037年までは、復興特別所得税として各年分の基準所得税額の2.1％を所得税と併せて申告・納付することになります。

経営者が後継者に対して1,000万円で株式を譲渡した場合において、譲渡額1,000万円に対して税金がかかるのかというと、そうではありません。

経営者は、会社設立時や増資時において、会社に出資の払い込みを行っており、この出資の払い込みは自社株式の取得費となるため、利益（所得）の計算上差し引いて税金を計算することができます。さらに、株式譲渡を行う際には、譲渡契約書を作成することとなりますが、契約書を作成する際に支払った印紙代などは株式の譲渡を行うために必要である経費として、利益の計算上差し引いて税金を計算することができます。

たとえば，①譲渡代金1,000万円，取得費350万円，譲渡経費50万円の場合，②譲渡代金1,000万円，取得費1,350万円，譲渡経費50万円の場合の税金は，次のとおりです。

① 譲渡代金1,000万円，取得費350万円，譲渡経費50万円の場合
　　所得の金額：1,000万円−(350万円＋50万円)＝600万円
　　税金の金額：600万円×20％＝<u>120万円</u>
② 譲渡代金1,000万円，取得費1,350万円，譲渡経費50万円の場合
　　所得の金額：1,000万円−(1,350万円＋50万円)＝△400万円 ⇒ 0円
　　税金の金額：0円×20％＝<u>0円</u>

②の場合は，譲渡代金を取得費及び譲渡経費の合計額が上回っているので，株式譲渡によって利益（所得）が発生しないため，税金は0円になります。

3 相続させるより譲渡したほうが得な場合（相続税と譲渡所得の税率の比較）

ここでは，相続により株式を承継する場合と譲渡により株式を承継する場合の税金の違いを見ていきます。

次の表は，相続税と所得税及び住民税の税率を記載しています。相続税は，課税対象額が多くなればなるほど，税率も高くなる累進税率が採用されており，最も低い税率は10％，最も高い税率は55％になっています。そのため，自社株式の評価額が高い場合には，すべての株式を相続によって承継すると評価額の半額以上の税金が課せられることとなります。

一方で，所得税及び住民税は，課税対象額がいくらであっても一律20％となっています。そのため，自社株式の評価額が高い場合には相続税に比べて負担が軽くなりますが，自社株式の評価額が低い場合には負担が重くなっています。

課税対象額	相続税		所得税＋住民税
	税率	控除額	
1,000万円以下	10%	—	一律20% （所得税15%，住民税5％） なお，2037年までは，復興特別所得税として各年分の基準所得税額の2.1%を所得税と併せて申告・納付することになります。
1,000万円超　3,000万円以下	15%	50万円	
3,000万円超　5,000万円以下	20%	200万円	
5,000万円超　1億円以下	30%	700万円	
1億円超　2億円以下	40%	1,700万円	
2億円超　3億円以下	45%	2,700万円	
3億円超　6億円以下	50%	4,200万円	
6億円超	55%	7,200万円	

　①相続により株式を承継する場合と②譲渡により株式を承継する場合の税金を，具体的な数値例を使って計算してみましょう。

(1) **課税標準が2,000万円の場合**

　①　相続により承継する場合　　　②　譲渡により承継する場合
　　（2,000万円×15%）−50万円　　　　2,000万円×20%
　　＝250万円　　　　＜　　　　　　　＝400万円

(2) **課税標準が5億円の場合**

　①　相続により承継する場合　　　②　譲渡により承継する場合
　　（5億円×50%）−4,200万円　　　　5億円×20%
　　＝2億800万円　　＞　　　　　　　＝1億円

　以上のように，相続税と所得税及び住民税の税率の違いにより相続によって承継したほうが得になる場合と譲渡によって承継したほうが得になる場合とがあるため，自社の株式の評価額がいくらであるかを把握することが非常に重要となります。

4-3 従業員持株会を利用する

1 従業員持株会とは

　従業員持株会とは，会社が従業員に対して自社株式を購入・保有させる制度です。従業員は持株会の会員になり，定期的に自社株式を持株会で共同購入していくことになります。

【従業員持株会のイメージ】

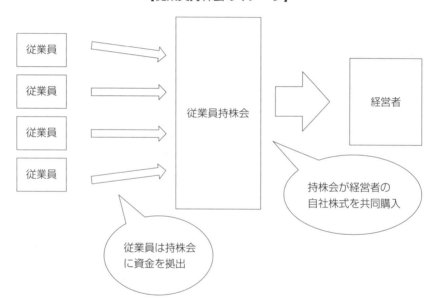

　多くの従業員が少しずつ資金を出せば，まとまった金額が集まりますし，それにより経営者から持株会が自社株式を購入することで，経営者の持株数を減らすことが可能になります。

　従業員持株会は，民法上の「組合」として設立されるのが一般的です。「社団」として設立される場合もありますが，ここでは組合としての従業員持株会

を取り上げます。

　民法上の組合には法人格はなく，組合としてのルールを定めた規約を作ればすぐにでも作ることができます。また，法人格がないため登記も不要で，通常は独立して収益事業を行うことはありませんので，税務申告も不要になります。

　このように簡単に設立でき，登記や税務申告なども不要であるため，経営者の持株数を減らすのにはとても使い勝手のよい制度に見えますが，この従業員持株会を活用するうえでは，メリット・デメリットがあります。

　また，世の従業員持株会の中には，経営者が事業承継の目的のためだけに形式的に作り，当事者であるはずの従業員はその存在さえ知らないようなケースも散見されます。

　しかし，そのような従業員持株会を作っても誰にもメリットはありません。経営者，従業員ともにWin-Winになるような制度でなければ，決して長続きしません。事業承継という長いタイムスパンで考えたときには，「長期的に見てうまくいくか」の視点が大切です。

　従業員持株会は，正しく活用すれば，事業承継を考える経営者にとっても，そして従業員にとってもよい制度といえます。

2　従業員持株会の株価評価方法

　従業員持株会を設立して従業員に会員になってもらった場合は，経営者の保有する自社株式を持株会として購入することで経営者の持株数を減らすことができます。この際の株価（株式の売買価格）は，どのように決めればよいのでしょうか。

　この売買は基本的に時価での売買となり，時価と相違する金額で売買が行われれば税務上問題となる可能性があります。この時の時価は，第1章で取り上げた評価方法（原則的評価方式又は特例的評価方式）によって計算することになります。しかしながら従業員持株会は，基本的に経営者と血縁関係等のない第三者（従業員）の集合体です。また，従業員持株会に会社の議決権の大半を

握らせることは通常は想定されませんので，税務上は特例的評価方法すなわち配当還元方式によって計算した価額が時価となります。

第1章で述べたように，株式の価値は，1株1株が同じ価値ではなく，会社の議決権を結果として何％持つことになるかが価値に影響を与えます。すなわち，100株発行している会社の株式を90株保有している人が追加で取得する1株と3株保有している人が追加で取得する1株は同じ1株でも価値が違うということです。

すでに90株を保有している人は，すでに会社の議決権の90％を握っているわけです。この人が追加で1株取得する場合の株式の価値は「会社の意思決定権を握ることができる株式」の価値ということになり，その実態を反映した原則的評価方法で評価することになります。しかし，会社の株式を3株しか保有していない人の場合は，この3株を持っていても会社の議決権の過半数を握れるわけではなく，会社の経営上の意思決定に関与することはほとんど不可能です。

このような場合の株式は，「配当金を受け取れる程度」の価値しかないことになります。そのため，「配当還元方式」という特例的評価方法で時価を計算することが認められています。

従業員持株会の場合は，従業員持株会が経営者に変わって経営権を握ることは通常想定されていません。それよりも，従業員が自社株式の一部を従業員持株会を通じて保有することで配当金が受け取れたり，従業員自身が勤務する自社の株主となることで経営者目線で物事を考えることができるようになることなどを目的としています。したがって，そもそも従業員持株会が議決権の大半を握ることは想定されていないため，経営者から従業員持株会への自社株式の譲渡価格は，基本的に配当還元方式で計算できるということです。

配当還元方式とは，次のような方法で株価を計算します。

> 【配当還元方式の計算式】
>
> $$配当還元価額 = \frac{1株当たり年配当金額}{10\%} \times \frac{1株当たり資本金等の額}{50円}$$
>
> ※ 1株当たり年配当金額は，直近2期間の1株当たり配当金額の平均値。
> 2円50銭未満の場合は，2円50銭となります。

　一般的に，配当還元方式での評価額は，原則的評価方法による場合よりも大幅に下がります。そのため，経営者が保有している自社株式を持株会が買い取る場合には，配当還元方式による評価額で買い取りを行うことで，少ない資金負担での取引が可能になります。

3　従業員持株会のメリット

　従業員持株会のメリットを見ていきます。従業員持株会には，経営者としてのメリットと従業員としてのメリットが存在します。それぞれに分けて見ていくことにしましょう。

　まず，経営者のメリットは，次のとおりです。

> 【経営者のメリット】
> ① 事業承継時の税負担の軽減
> ② 少数株主の整理
> ③ 従業員への福利厚生

① 事業承継時の税負担の軽減

　経営者の保有する自社株式を持株会に譲渡することで，経営者の保有財産そのものが減ることになります。そのため，経営者の自社株式を相続や生前贈与，譲渡などの方法で後継者に渡す場合の税負担が減ることになります。

② 少数株主の整理

　中小企業では，会社設立時に資本金を出してくれた遠戚などに自社株

式が分散してしまっていることがあります。その場合には，事業承継後に後継者に対して「モノ言う株主」として経営の邪魔をされてしまうことも想定されるため，そのような少数株主から持株会が自社株式を購入することで，事業承継後に後継者が意思決定しやすい状況を作ることができます。
③　従業員への福利厚生

　　従業員は従業員持株会を通して会社の株主になることで，配当金を受け取ることができますし，自社株式は従業員の財産となりますので，退職時に従業員が持ち株を売却することで退職金替わりとすることもできます。

続いて，従業員のメリットは，次のとおりです。

【従業員のメリット】
① 資産形成
② 士気の向上

---

① 資産形成

　　従業員は，持株会を通じて自社株式を保有することになります。自社株式は従業員の財産になりますので，持株会を通して自社株式を保有することで従業員の資産形成に資することになります。

② 士気の向上

　　従業員は，通常であれば「雇われの身」ですが，持株会を通じて自社株式を保有することで会社の所有者の立場にもなります。持株数は少ないかもしれませんが，株主という立場にもなることで従業員の士気の向上やモチベーションアップ，長期的な視点で働き甲斐が生まれるなどのメリットがあります。

4　従業員持株会のデメリット

　　従業員持株会のデメリットを見ていきます。メリットと同様に経営者の面と従業員の面の2つ面から見ていきましょう。

(1) 経営者のデメリット
　① 配当を継続する必要がある

　　従業員持株会を作ることのメリットとして従業員が配当を受け取れるというものがありました。従業員からすると，配当が全く出ない会社の株式は買う理由がないため，配当を継続しなければ持株会に加入する従業員がいなくなってしまう形になります。そのため，業績低迷で配当が行えない状態が続けば，加入者のいない持株会となり，結果的に経営者の持株数を減らすことはできなくなります。

　② 株主代表訴訟リスクの増加

　　従業員は持株会を通じて，株主になります。株主総会で議決権の過半を握るような大株主になることはあまり想定されませんが，株主としての他の権利は保証されることになります。その1つとして株主代表訴訟を起こす権利があります。経営者が放漫経営をしていたことで株主に損害が出た場合には，株主から経営者が訴えられる可能性もあるということです。そういう意味で，従業員が会社の持ち主に加わるということを理解したうえで経営をしていく必要があります。

(2) 従業員のデメリット
　① 配当を得られないリスク

　　従業員が持株会を通して保有するのは，上場株式ではなく，非上場の自社株式です。これは売ろうと思ってもすぐに売れるわけではありません。退職するなどの理由で持株会を退会する際には，従業員は持株会や会社に持株を買い取ってもらうことができます。長期雇用を前提とした場合には，それはかなり先のことになります。その間に従業員が得られるメリットとしては，毎年の配当金になります。中小企業では，毎期安定して利益を出すことはハードルが高く，配当金さえ得られない可能性があるデメリットがあります。

② 事業リスク

　従業員は，将来の退職金などを財源として持株を徐々に増やしていくことが通常です。しかし，会社が倒産してしまえば，持株も紙切れになってしまいます。そして，それと同時に従業員は職も失うことになります。つまり，会社が倒産してしまえば，財産も職も同時に失ってしまうのです。上場会社ともなれば，倒産する確率は低いですが，中小企業では，倒産しない企業のほうが珍しいともいえます。そのため，事業リスクは，常について回ることになります。

以上が，従業員持株会の代表的なデメリットです。メリットだけに目が行きがちですが，デメリットの部分をきちんとフォローしなければ，従業員持株会を設立しても，加入する従業員がいないというケースも起こります。経営者，従業員，双方にとって魅力ある制度設計ができるかが，一番のポイントといえるでしょう。

中小企業投資育成会社を利用する

1 中小企業投資育成会社とは

　持株数又は持株比率を引き下げる手法の最後は，中小企業投資育成会社を活用した手法になります。

　中小企業投資育成会社は，中小企業投資育成株式会社法に基づいて設立し，中小企業の自己資本の充実を促進し，その健全な成長発展を図ることを目的として投資と育成の面で中小企業のバックアップを行っている機関です。

　会社が事業を行うには，金融機関からの借入金や社債などの他人資本よりも返済義務のない自己資本の割合が高いほうが経営的に安定しているといえますが，中小企業は大企業と比較すると自己資本比率が低くなっています。

　また，中小企業には株式を売買する市場がないため，自己資本の調達を行うことが難しかったり，第三者が株主となることに対して抵抗がある会社が多く存在します。そのような状況で，中小企業の株式を引き受けて自己資本の充実を支援する機関が中小企業投資育成会社です。

　中小企業投資育成会社は，中小企業を支援してくれますが，対象となるのは全ての中小企業ではなく，次の要件を満たし厳しい審査にクリアした中小企業のみとなります。

①　原則資本金の額が3億円以下である会社
②　事業の成長が見込まれる会社
③　経営基盤の強化等の努力を行っている会社

　上記の要件を満たして中小企業投資育成会社の審査をクリアした会社は，議決権比率が50％を超えない範囲で株式を引き受けてもらうことができます。中小企業投資育成会社から投資してもらうことで，経営者の持分比率が低下するため，経営者の所有する自社株式の評価額を下げることができます。

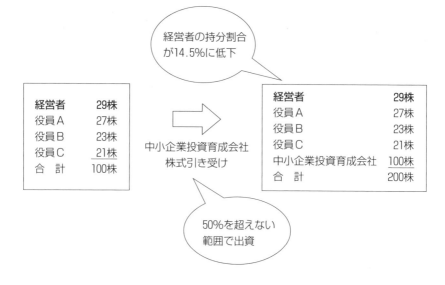

2 中小企業投資育成会社の株価評価方法

　中小企業投資育成会社から出資してもらうことで経営者の所有している自社株式の評価額が下がる仕組みを見ていきます。

　中小企業投資育成会社は中小企業の自主的な経営を尊重するため，たとえ50％出資した場合であっても実質的に経営権は持ちません。そのため，中小企業投資育成会社が中小企業へ出資を行う場合の自社株式の評価は，経営権のある経営者の所有している株式の評価方法である「純資産価額方式」や「類似業種比準価額方式」による評価額ではなく，「投資育成株価算式」によって計算された評価額を適正なものと扱うことが認められています。

【投資育成株価算式】

$$評価額 = \frac{1株当たりの予想純利益 \times 配当性向}{期待利回り}$$

　上記の方法によって計算される評価額は，「純資産価額方式」や「類似業種

比準価額方式」の評価額と比較して低くなります。

たとえば、経営者が自社株式を発行済株式の全株式100株を所有しているとします。また、経営者が所有している株式は「純資産価額方式」によって評価が行われ、純資産価額は全体で1,000万円であるとすると、純資産価額方式による評価額は100,000円（1,000万円÷100株）となります。

この場合において、上記の投資育成株価算式によって求められた評価額50,000円で中小企業投資育成会社が100株の出資を行ったとすると、株式数は合計200株となり純資産価額は合計1,500万円となります。そうすると、中小企業投資育成会社による出資後の純資産価額方式による評価額は75,000円となり、中小企業投資育成会社により出資の前後において純資産価額方式による評価額は25,000円下がります。

中小企業投資育成会社を活用することで経営者の所有している評価額が下がるため、承継コストを低くする際には非常に有効な方法となります。

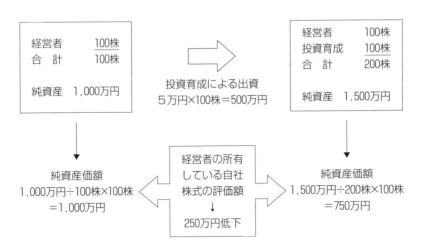

さらに、経営者の持株比率によっては、中小企業投資育成会社を活用しない場合には「純資産価額方式」や「類似業種比準価額方式」による高い評価額で評価しなければならないケースであったとしても、中小企業投資育成会社を活用することで「配当還元方式」によって評価できる持株比率まで下げることが

できる可能性があります。この場合には、より低い評価で自社株式を承継できるため承継コストをより抑えることができます。

3 中小企業投資育成会社のメリット

中小企業投資育成会社に出資してもらった際のメリットを見ていきます。

中小企業投資育成会社は、大きく「投資業務」と「育成業務」を行っており、それぞれの観点からメリットが存在します。

(1) 投資業務に関するメリット

投資業務に関するメリットは、次のとおりです。

① 自己資本比率の改善
② 長期安定資金の確保と活用
③ 安定株主の確保
④ 従業員の士気向上

① 自己資本比率の改善

中小企業投資育成会社に出資してもらうことで自己資本比率が向上します。その結果、会社の信用力が増し、健全な成長を期待することができます。

② 長期安定資金の確保と活用

中小企業投資育成会社の出資金は金融機関からの借入金とは異なるため、担保が不要であり、返済義務もないため長期安定資金として活用していくことができます。

③ 安定株主の確保

株式をやみくもに発行し第三者に引き受けてもらうと会社を乗っ取られるリスクがありますが、信用力の高い中小企業投資育成会社が株主になることで株式の分散を防止し経営権を確保することができます。

④ 従業員の士気向上

中小企業投資育成会社が株主となることで，同族経営から脱却し開かれた経営への第一歩を踏み出すこととなります。そのため，従業員の見方が変化し士気向上につながることがあります。

(2) 育成業務に関するメリット

次は，育成業務に関するメリットです。

① 人材紹介・ビジネスマッチング
② 株式上場のバックアップを受けることが可能

① 人材紹介・ビジネスマッチング

中小企業投資育成会社の投資先は2,000社を超えており，幅広いネットワークを持っているため，交流会や勉強会を通して人材紹介やビジネスマッチングが期待できます。

② 株式上場のバックアップを受けることが可能

株式上場を考えている会社については，中小企業投資育成会から資本政策の策定，社内管理体制の整備，情報提供などさまざまな点から全面的にバックアップしてもらうことができます。

4 中小企業投資育成会社のデメリット

最後に，中小企業投資育成会社のデメリットを見ていきます。次のことを踏まえたうえで，中小企業投資育成会社に出資してもらうことを検討しなければなりません。

① 毎期安定的な配当の実施
② 出資前の審査が厳しい
③ 持分の移動が容易にできない

① 毎期安定的な配当の実施

　中小企業投資育成会社は，議決権のない株式でも引き受けてくれる可能性があるなど経営に関して口は出さないのですが，その代わりに「安定配当」を求められます。

　中小企業では，配当を行ったとしても経費とならないことや自社株式の評価方法である類似業種比準価額の評価額が過大になることがあることから，利益がでたとしても配当を行わず内部留保していることが多くあります。

　しかしながら，中小企業投資育成会社から出資を受けた際には，毎期出資額の6〜10％を目安として安定した配当を求められます。

　仮に中小企業投資育成会社から1,000万円の出資を受けた場合には，毎期60万円〜100万円の配当が要求されるため，会社によっては負担に感じられることがあります。

② 出資前の審査が厳しい

　中小企業投資育成会社に出資してもらえると前述のようなメリットを享受できますが，中小企業投資育成会社に出資してもらう際には事前の審査が必要となります。そして，その審査は厳しいものとなっているため，審査にクリアできるかどうかが鍵となってきます。

③ 持分の移動が容易にできない

　中小企業投資育成会社からの払込金額は，金融機関からの借入金とは異なり自己資本となります。

　会社の経営が安定した場合に，金融機関からの借入金であれば繰上返済によって簡単に払い戻しを行うことが可能となりますが，自己資本ですか

ら簡単には出資の払い戻しをすることができません。

　中小企業投資育成会社から第三者に株式を売却して欲しいと考えた場合にも，金額などの条件についての交渉が必要となり，すぐに移動することができません。

第4章　持株比率を下げる

第5章

事業承継税制

5-1 事業承継税制を利用する

1 事業承継税制とは

　日本の会社の99％は中小企業といわれていますが，これは裏を返せば日本を支えているのは中小企業だということに他なりません。そんな中で，日本全体での課題であるのが高齢化です。高齢化に伴い，中小企業の経営者の平均年齢も約57歳と高くなってきています。

　日本の会社の99％を占める中小企業にも高齢化の波は押し寄せてきており，中小企業が事業承継に失敗して廃業してしまうような状況を国が放置しておけば，日本の国力は一気に衰退してしまいます。そこで，国は「事業承継税制」を整備し，事業承継が円滑に行えるような制度を整えています。

　中小企業の事業承継での最大のハードルは，やはり「自社株式の承継」です。自社株式の評価額が高いと，後継者は多額の贈与税や相続税を支払って承継をすることになります。しかし，この納税により後継者が承継後に必要とする財産まで使い切ってしまっては，元も子もありません。

　また，自社株式を承継する際に生じる贈与税や相続税を支払うために自社株式の一部を売却（換金）することも考えられますが，それにより後継者の会社への支配力が弱まってしまったり，経営に関心が薄いものの，配当だけは要求する「モノ言う株主」が参入してしまうなどのデメリットやリスクがあります。

　会社に換金できるような資産がなく，経営者や後継者も財産を有していない場合は，「贈与税や相続税が支払えないので事業承継ができない」最悪のケースにもなりかねません。そこで，このようなケースをなくすために一定の条件を満たす自社株式の生前贈与や相続について税負担を一時的に猶予する制度が事業承継税制です。

　具体的には，非上場企業の経営者が後継者に自社株式を贈与した場合，又は経営者から後継者が自社株式を相続した場合に，贈与税又は相続税の納税を猶

予する制度です。

【事業承継税制のイメージ】

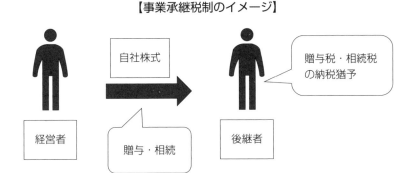

ただし、これを無制限に認めてしまうと、事業承継時に贈与税・相続税を支払う人がいなくなってしまいますので、この制度を適用するために一定の要件が定められています。

また、要件を満たして適用することができる場合でも、必ずしも適用することがベストな選択肢とは限りません。したがって、事業承継税制の内容について、少し詳しく見ていきます。

2 使い勝手がよくなった事業承継税制

事業承継税制は、平成30年税制改正で大幅に適用要件が緩和された「特例」制度が創設されました。実は、従前の事業承継税制は、適用するための要件が厳しく、納税猶予割合にも上限が設定されており、使い勝手のよい制度ではありませんでした。

しかし、平成30年の税制改正で抜本的な見直しがされ、「特例」として拡充・緩和された制度が設けられました。従来の制度をそのまま適用することも可能ですが、今後はこの「特例」を適用する会社が大幅に増加すると予想されます。

従前の制度と比較しながら、どのような改正がなされたのかを見ていきます。

【税制適用時の要件の緩和】

現行制度
① 納税猶予の対象になる自社株式数には２／３の上限があり，相続税の納税猶予割合は80％
② 納税猶予の対象となるのは，1人の経営者から1人の後継者への贈与・相続のみ

⇒

改正後
① 納税猶予の対象となる株式数の上限を撤廃し，全株式について適用可能に
② 親族外を含む複数の株主から，代表権を有する後継者（最大3名）への承継も対象に

【税制適用後の要件の緩和】

現行制度
① 後継者が経営環境の悪化等で承継後に廃業や株式売却を行う場合でも，承継時の株価を基に猶予されていた贈与税・相続税が課税されてしまう
② 税制適用後，5年間で平均8割以上の雇用が維持できなければ納税猶予が打ち切られてしまう

⇒

改正後
① 廃業時の株価や株式売却時の売却額を基に納税額を計算し，承継時の株価を基に計算された納税額との差額は納税免除に
② 5年間で平均8割以上の雇用維持要件は残るものの，未達成の場合でも認定支援機関の指導・助言を受けることで納税猶予が継続可能に

　これまでの税制では，事業承継時の贈与税，相続税についての納税猶予制度は存在したものの，納税猶予の対象となる自社株式数に２／３という上限があり，すべての株式を贈与・相続した場合に納税猶予を受けられるのはあくまで２／３までの株式分のみとなっていました。また，納税猶予を受ける場合の猶予割合も80％となっており，結果として事業承継時に多額の贈与税・相続税が発生してしまうケースが多くありました。しかし，今回の改正で，納税猶予の対象となる株式数の上限が撤廃され，納税猶予割合も100％とされたことから，自社株式については，実質的に税負担なしで事業承継が可能になりました。

　また，自社株式が複数の株主に分散している場合に，これまでは経営者から

後継者への贈与・相続のみが対象でしたが、それでは結果的に他の株主は承継後も引き続き株を持ち続けなければならず、後継者に議決権を集中させることが困難でした。しかし、今回の改正で複数の株主から後継者へ承継を行う場合も対象とされました。

税制適用後の要件緩和については、これまで承継後の業績低迷等で廃業や株式売却を行う場合には、業績低迷前の承継時に高い株価で計算された税金を遡って納付する必要がありました。これでは、後継者は常に猶予されている贈与税や相続税に怯えながら経営を行わなくてはならなくなり、これが制度を利用するための大きなハードルとなっていました。これが改正により、廃業や株式売却時にはその時点での株価をもとに計算した税額だけを納付すればよくなりました。

また、従来税制適用後、5年間は平均8割以上の雇用を維持する必要があり、それができなければ納税猶予が打ち切りとなり、猶予されていた税額を一括納付する必要がありましたが、改正により、5年間で平均8割以上の雇用を維持できなくても、認定支援機関の指導・助言を受けることで納税猶予の継続が可能になりました。

3　事業承継税制を検討するのはこんな人

ここでは、事業承継税制について、どのようなケースで制度適用のメリットがあるのかを具体的に見ていきます。代表例をあげると、次の3つのケースがあります。

(1) 今後10年以内に事業承継を実施予定の場合

平成30年の税制改正で、使いやすい特例制度が創設された事業承継税制ですが、実はこの制度は10年間の時限立法で、永続の制度ではありません。しかし、反対に10年以内に必ず事業承継が生じるようなケースでは、事業承継税制の特例制度の適用を検討してみることをお勧めします。

10年以内に必ず事業承継が生じるようなケースとは，たとえば現経営者がすでにかなり高齢である場合や，もと（税制改正前）から10年以内に事業承継（自社株式の承継）を計画していたような場合です。このような場合には，実際に適用するかは別としても，特例制度を含めて事業承継税制の適用を検討すべきです。

(2) 自社株対策をする前に経営者が亡くなってしまった場合

経営者がまだ若くして急死してしまったケースでは，自社株対策を始めとする相続税対策がほとんど手つかずのまま相続が発生してしまうことになります。

このような場合には，通常のケースでは自社株式に多額の相続税がかかることになり，残された後継者や親族は一気に相続税の納付を迫られることになります。

しかし，今回創設された「特例制度」では，2023年3月31日までに一定の事業承継計画を記載した特例承継計画を都道府県庁に提出することで，経営者が急死してしまったようなケースも自社株式に係る相続税の納税猶予制度を適用することができます。ただし，2027年12月31日までの間に経営者が亡くなった場合に限られ，それ以降に亡くなった場合は対象外です。

そのため，いきなり相続が発生してしまった場合の「一旦の納税回避手段」として，事業承継税制の適用を検討することもできます。

(3) すでに若い後継者に事業承継が完了している場合

すでに事業承継が完了し，若い後継者に自社株式の承継が完了しているような法人でも事業承継税制の「特例」制度は適用を検討する余地があります。

(2)で取り上げたように，事業承継税制の特例制度は，2023年3月31日までに一定の事業承継計画を記載した特例承継計画を都道府県庁に提出することで，2027年12月31日までに現経営者が亡くなった場合に適用が可能となっています。

しかし，この後継者が承継後に急死してしまうようなケースが起これば，(2)と同様に「一旦の納税回避手段」として事業承継税制の適用を検討する必要が

出てきます。

　そこで，事業承継後のそのようなリスクに対するリスクヘッジとして，後継者を現経営者とした特例承継計画を2023年3月31日までに提出しておき，2027年12月31日までに後継者に万が一のことがあった際でも，事業承継税制を使えるように準備をしておく使い方も有効です。

　なお，特例承継計画を提出したが，結果として事業承継税制を適用しなかったケースでも特段罰則はありませんので，「提出だけしておく」という使い方もあります。

5-2 納税猶予制度

1 制度概要

　事業承継税制は，自社株式を経営者が後継者へ贈与した場合の贈与税の納税を猶予する制度及び経営者から後継者が相続した場合の相続税の納税を猶予する制度の2つがあります。

　自社株式を経営者から後継者へ贈与する場合には贈与税が課せられ，経営者から後継者が相続した場合には相続税が課せられます。そして，贈与税及び相続税は，累進課税制度を採用しているため，自社株式の評価額が高くなればなるほど税額も高くなり，贈与及び相続を受けた後継者は最大で課税価額の55％を税金として納めなければなりません。

　中小企業は，経営上の意思決定の円滑化や安定的な経営を行う観点から経営者が自社株式の大半を保有していることが多いため，経営者の保有している自社株式の評価額は高くなり，結果として税額が高くなってしまいます。後継者へ課せられる税額が高いと後継者が納税額を準備できなかったり，納税できたとしても承継後の事業継続に不安が出たりとさまざまな問題が生じることがあります。そこで，経営者が保有している株式を後継者に承継する場合の承継コストを軽減し事業承継を円滑に進めるため，「中小企業における経営の承継の円滑化に関する法律」（経営承継円滑化法）において，贈与又は相続によって自社株式の承継した際の承継コストを抑える制度として贈与税又は相続税の納税猶予制度があります。

　この納税猶予制度自体は従来から存在していた制度ですが，中小企業の事業承継をより一層後押しするため平成30年度の税制改正で大きく改正され，10年間限定の特例制度が設けられています。

　従来から存在する一般制度と比べて，平成30年度の税制改正で設けられた特例制度のほうが有利な制度であるため，特例制度を中心に説明いたします。

特例制度は，2018年4月1日から2023年3月31日までに特例承継計画を都道府県知事に認定を受け一定の要件を満たす会社が経営者から後継者へ自社株式を贈与又は相続により承継させることで贈与又は相続したすべての株式に対する贈与税又は相続税の全額について，納税が猶予されます。納税猶予の各要件を見ていきます。

　なお，一定の要件とは，次のような要件があります。

(1)　会社の要件
(2)　現経営者等の贈与者の要件
(3)　後継者の要件
(4)　事業継続要件

(1)　会社の要件

　納税猶予の適用を受けるためには，対象会社が次のいずれにも該当しないことが必要となります。

① 　上 場 会 社
② 　中小企業者に該当しない会社
③ 　風俗営業会社
④ 　資産管理会社（一定の要件を満たす場合を除く）

(2)　現経営者等の要件

　納税猶予制度は事業承継を促すために設けられた制度であり，事業承継の対象者である現経営者に対して，次のような要件が設定されています。

① 　会社の代表権を有していたこと
　　贈与による承継の場合には贈与の直前までに代表権を有していない必要がありますが，相続による承継の場合には直前に代表者であっても構

いません。
② 現経営者と同族関係者で総議決権の50％超の議決権数を有し，かつ，その同族関係者の中で筆頭株主であったこと
③ 贈与時に保有する株式について，一定数以上の株式を一括して贈与すること

(3) 後継者の要件

特例制度の適用を受けるためには，後継者は都道府県知事の認定を受けた特例承継計画に記載された特例認定承継会社の代表権を有する後継者であって，議決権を最も多く有する必要があります。

なお，特例承継計画に記載された後継者が2名又は3名以上の場合には，議決権数が10％以上を有し，かつ，同族関係者の中で最も多くの議決権を有することが必要です。

また，贈与税の納税猶予制度の適用を受けるためには，次の要件を満たす必要があります。

① 贈与時において，会社の代表権を有していること
　後継者が複数人の場合には，すべての後継者が会社の代表権を有している必要があります。
② 贈与時において，20歳以上であり，かつ，会社の役員を3年以上勤めていること
③ 後継者と同族関係者で総議決権の50％超の議決権を保有し，かつ，同族関係者の中で最も多くの議決権を有すること

一方，相続税の納税猶予の適用を受けるためには，次の要件を満たす必要があります。

① 相続発生時点において会社の役員を勤めていること
② 相続開始の日の翌日から5か月を経過する日までに代表権を有していること
③ 後継者と同族関係者で総議決権の50％超の議決権を保有し，かつ，同族関係者の中で最も多くの議決権を有すること

(4) 事業継続要件

納税猶予は，自社株式の承継コストの負担を軽減することで事業承継を促し将来において事業の継続を求める制度です。そのため，納税猶予の適用を受け続けるには，次のような事業継続要件を満たす必要があります。

① 後継者が会社の代表権を有し続けること
② 納税猶予の適用を受けた株式を保有し続けること
③ 会社の要件を満たし続けること

納税猶予適用後において承継した株式を第三者に譲渡するなど一定の場合には，納税猶予の目的が達成されないため，猶予されている贈与税又は相続税の全部又は一部について利子税と併せて納付することとなります。

納税猶予の適用要件を満たさなくなった場合に納付する税額は，経営贈与承継期間か否かによって，次のように異なります。

なお，経営贈与承継期間とは，納税猶予の適用に係る贈与税の申告期限の翌日から，次の①・②のいずれか早い日と後継者もしくは現経営者の死亡の日の前日のいずれか早い日までの期間をいいます。

① 贈与税の納税猶予の適用に係る贈与税の申告期限の翌日以後5年を経過する日
② 相続税の納税猶予の適用に係る相続税の申告期限の翌日以後5年を経過する日

	経営贈与承継期間内	経営贈与承継期間経過後
適用を受けた株式を譲渡した場合	納税猶予額の全額及び利子税の納付	納税猶予額のうち譲渡部分に対応する贈与税及び利子税の納付
後継者が代表権を有しなくなった場合	納税猶予額の全額及び利子税の納付	納税猶予の継続
会社が資産管理会社等になった場合	納税猶予額の全額及び利子税の納付	納税猶予額の全額及び利子税の納付
経営贈与承継期間の末日における雇用の平均が「贈与時の雇用の8割」を下回った場合	（一般措置の場合）納税猶予額の全額及び利子税の納付	納税猶予の継続

　納税猶予は承継時のコストをなくし，事業承継時の後継者の不安を軽減する点で優れていますが，要件を満たさなくなった場合には，利子税も含めて猶予されていた金額を納付する必要があります。会社の将来の予測は非常に困難であるため，納税猶予の適用を受けるかについては，慎重な検討が必要になります。

【著者紹介】

五十嵐　明彦（いがらし　あきひこ）

公認会計士・税理士・社会保険労務士。1996年に公認会計士試験に合格。大学在学中から監査法人トーマツ（現　有限責任監査法人トーマツ）に勤務し，国内企業の監査に携わる。2001年には，明治大学特別招聘教授に。現在は，税理士法人タックス・アイズの代表社員として相続税などの資産税業務や法人に対する税務業務を中心に幅広い仕事を行う。

主な著書に『うまくいく生前贈与』『うまくいく相続手続のすすめ方』（税務経理協会）『子どもに迷惑かけたくなければ相続の準備は自分でしなさい』（ディスカヴァー・トゥエンティワン），『相続破産　危ない相続税対策，損する遺産』（朝日新聞出版）などがある。

髙橋　知寿（たかはし　ともひさ）

公認会計士・税理士。2009年に公認会計士試験に合格。その後有限責任あずさ監査法人に勤務し，国内企業の監査に携わる。現在は，税理士法人タックス・アイズのパートナーとして各種税務業務を行うとともに，明治大学経理研究所特別指導員として公認会計士試験の受験生への指導も行っている。主な著書・編著に『大学生はなぜ公認会計士を目指さないのか』『うまくいく生前贈与』（税務経理協会），『公認会計士の仕事図鑑』（中央経済社）がある。

梅澤　雅貴（うめざわ　まさき）

公認会計士。2011年に公認会計士試験に合格。2012年から税理士法人タックス・アイズに勤務し，相続税などの資産税業務や事業承継業務など幅広い分野の税務業務を行う。現在は，税理士法人タックス・アイズのマネジャーとして各種税務業務のほか事業承継セミナーなどを担当している。

著者との契約により検印省略

平成31年3月1日　初版第1刷発行	うまくいく事業承継

著　者	税理士法人タックス・アイズ 五十嵐　明彦 髙橋　知寿 梅澤　雅貴
発行者	大坪　克行
印刷所	税経印刷株式会社
製本所	牧製本印刷株式会社

発行所	〒161-0033　東京都新宿区 下落合2丁目5番13号	株式会社 税務経理協会
	振　替　00190-2-187408 ＦＡＸ　(03)3565-3391 URL　http://www.zeikei.co.jp/ 乱丁・落丁の場合は、お取替えいたします。	電話　(03)3953-3301（編集部） 　　　(03)3953-3325（営業部）

© 税理士法人タックス・アイズ 2019　　　　　　　Printed in Japan

本書の無断複写は著作権法上での例外を除き禁じられています。複写される場合は、そのつど事前に、(社)出版者著作権管理機構（電話 03-3513-6969、FAX 03-3513-6979、e-mail : info@jcopy.or.jp）の許諾を得てください。

JCOPY ＜(社)出版者著作権管理機構 委託出版物＞

ISBN978-4-419-06605-5　C3034